AZ ALAPVETŐ LEVENDULA TÁRSAS 2024

Fedezze fel a levendula szépségét és sokoldalúságát 100 finomságon keresztül

Benedek Magyar

Copyright Anyag ©2024

Minden jog fenntartva

A kiadó és a szerzői jog tulajdonosának megfelelő írásos beleegyezése nélkül ennek a könyvnek egyetlen része sem használható fel vagy továbbítható semmilyen formában vagy módon, kivéve az ismertetőben használt rövid idézeteket. Ez a könyv nem helyettesítheti az orvosi, jogi vagy egyéb szakmai tanácsokat.

TARTALOMJEGYZÉK

TARTALOMJEGYZÉK 3
BEVEZETÉS 6
REGGELI ÉS BRUNCH 7
   1. Levendulás mézes croissant 8
   2. Levendula forró csokoládé 10
   3. Dalgona levendulás jeges kávé 12
   4. Sárgabarack-levendulás Crêpe s 14
   5. Levendula tej 17
   6. Levendula cseresznye éjszakai zab 19
   7. Levendula mézes fánk 21
   8. Levendulás palacsinta 23
   9. Levendula Pisztácia Biscotti 25
   10. Levendulás fűszerkenyér 27
   11. Levendulás áfonyás Muffin 29
   12. Levendulás áfonyás palacsinta 31
   13. Levendula joghurtos parfé 33
   14. Levendula befőttes francia pirítós 35
   15. Levendula és citrom pogácsa 37
   16. Levendula vanília Chia puding 39
   17. Levendulás banán kenyér 41
   18. Levendulás Earl Grey tea Muffin 43

NAGYOK ÉS ELŐÉTELEK 45
   19. Limoncello terek levendulával 46
   20. Levendula Honey Madeleines 48
   21. Levendula Earl Grey tea infúziós brownie 50
   22. Levendulás omlós sütemény 52
   23. Mini eperpite levendula krémmel 54
   24. Levendula rizs Krispy finomságok 57
   25. Levendula zabpehely No Bake Energy Balls 60
   26. Levendula méz Profiteroles 62
   27. Levendula Sugar Churros 64
   28. Levendula Hummus pita chipsekkel 66
   29. Levendulás pattogatott kukorica 68
   30. Levendulás kecskesajt Crostini 70
   31. Levendula és rozmaring pirított dió 72
   32. Levendula és citrom ördögtojás 74
   33. Levendula és mézzel sült Brie 76
   34. Levendula és citrom Guacamole 78
   35. Levendulás és gyógynövényes sajttal töltött paradicsom 80

FŐÉTEL 82
   36. Levendula mézes mázas sertés hátszín 83

37. Levendula mézes mázas csirke 85
38. Levendula citrom grillezett lazac 87
39. Levendulás gombás rizottó 89
40. Levendula és fűszernövények kérges bárányszelet 91
41. Levendulás és citrom grillezett csirke nyárs 93
42. Levendula és fűszernövényekkel sült sült tőkehal 95
43. Levendulás és rozmaring grillezett sertésszelet 97
44. Levendula quinoa saláta zöldségekkel 99

Desszert 101
45. Bavarois levendula 102
46. Csokoládé Levendula Dacquoise 104
47. Szeder levendula macaron 107
48. Levendula pot de Crème 110
49. Levendula Creme Brûlée 112
50. Earl Grey fagylalt levendulával 114
51. Levendulás fehér csokoládé hab 116
52. Pisztácia levendula Semifreddo 118
53. Earl Grey levendula fagylalt szendvicsek 121
54. Levendula szorbet 123
55. Levendula méz Gelato Affogato 125
56. Citrom és levendula 128
57. Levendula mézes popsi 130
58. Levendula Panna Cotta citromsziruppal 132
59. Sütés nélküli áfonyás levendulás sajttorta 135
60. Áfonya levendula áfonyás ropogós 138
61. Levendula gránita 140
62. Levendula Ganache szarvasgomba 142
63. Levendula botanikus fagylalt 145
64. Bogyós levendulás pite 148
65. Levendulás áfonyás kézi pite 150
66. Levendula buggyantott őszibarack 152

Fűszerek 154
67. Levendula máz 155
68. Levendula mézes mustár 157
69. Levendula infúziós olívaolaj 159
70. Levendula cukor 161
71. Eper levendula lekvár 163
72. Levendula pác 165
73. Levendula sólé baromfihoz 167
74. Vérnarancs levendula lekvár 169
75. Házi készítésű levendula olaj 171
76. Levendula vaníliás vajkrémes cukormáz 173
77. Levendula méz Wasabi 175

78. Levendula vanília Meyer citromlekvár	177
79. Citromos levendula lekvár	179

ITALOK 181

80. Rum, Ube és Levendula Lassi	182
81. Áfonya levendula infúziós víz	184
82. Uborkás levendula víz	186
83. Grapefruit-levendula víz	188
84. Narancs és levendula	190
85. Édes levendula tejes kefir	192
86. Áfonya citrom levendula kefir	194
87. Levendula tej tea	196
88. Rózsa és levendula bor	198
89. Menta és levendula tea	200
90. Áfonya és levendula jeges tea	202
91. Mandarin és levendula jeges tea	204
92. Levendula és édesköménymag tea	206
93. Levendula-rozmaring liqueur	208
94. Vanília, earl grey és levendula latte	210
95. Mézes levendula kávé	213
96. Levendula citromcsepp	215
97. Levendula-mézes emésztőszer	217
98. Levendula ikőr _	219
99. Levendula cappuccino	221
100. Levendula Proffee	223

KÖVETKEZTETÉS 225

BEVEZETÉS

Üdvözöljük a "AZ ALAPVETŐ LEVENDULA TÁRSAS 2024" oldalon, amely a levendula szépségének és sokoldalúságának felfedezéséhez vezető útmutató 100 csodálatos recepten keresztül. Ez a kísérő a levendula illatos és elbűvölő világának ünnepe, és meghívja Önt, hogy fedezze fel kulináris felhasználását, aromaterápiás előnyeit, és azt az örömet, amelyet az élvezetek széles skálájához hoz. Csatlakozzon hozzánk egy olyan utazásra, amely túlmutat a levendulamezőkön, és merüljön el a levendulával átitatott finomságok elkészítésének művészetében.

Képzeljen el egy környezetet, amely tele van a levendula megnyugtató aromájával, a levendulával átitatott finomságok finom szépségével, és azzal a nyugalommal, amely e sokoldalú gyógynövény mindennapi életébe való beépítésével jár. A "AZ ALAPVETŐ LEVENDULA TÁRSAS 2024" nem csupán receptgyűjtemény; Ez a levendula konyhai felhasználási lehetőségei, kikapcsolódás és öngondoskodás feltárása. Akár a levendula rajongója, akár még nem ismeri ennek az aromás gyógynövénynek a világát, ezek a receptek úgy lettek megalkotva, hogy inspirálják Önt a levendula szépségének és sokoldalúságának megízlelésére.

A levendulával átitatott desszertektől a nyugtató aromaterápiás keverékekig és a kulináris élvezetekig minden recept a finom ízek, nyugtató tulajdonságok és a levendula által az Ön alkotásaihoz fűződő vizuális vonzerő ünnepe. Akár levendula kekszeket süt, akár levendula tasakot készít, vagy sós levendulával átitatott ételekkel kísérletezik, ez a társ a legjobb forrás a levendula finomságok teljes skálájának megtapasztalásához.

Csatlakozzon hozzánk, amikor belemerülünk a levendula illatos világába, ahol minden alkotás e szeretett gyógynövény szépségének és sokoldalúságának bizonyítéka. Gyűjtsd össze levendulavirágaidat, öleld át a megnyugtató hangulatot, és induljunk el egy elragadó utazásra a "AZ ALAPVETŐ LEVENDULA TÁRSAS 2024"-ban.

REGGELLI ÉS BRUNCH

1. Levendulás mézes croissant

ÖSSZETEVŐK:

- Alap croissant tészta
- ¼ csésze méz
- 1 evőkanál szárított kulináris levendula
- 1 tojást 1 evőkanál vízzel felverünk

UTASÍTÁS:

a) Nyújtsuk ki a kifli tésztát egy nagy téglalappá.
b) A tésztát háromszögekre vágjuk.
c) Egy kis tálban keverjük össze a mézet és a levendulát.
d) Kenjünk egy vékony réteg levendulamézet minden croissant alsó felére.
e) Helyezze vissza a croissant felső felét, és finoman nyomja le.
f) A kifliket bélelt tepsire tesszük, lekenjük tojással, és 1 órát kelesztjük.
g) Melegítsd elő a sütőt 200°C-ra, és süsd a croissant-okat 20-25 perc alatt aranybarnára.

2.Levendula forró csokoládé

ÖSSZETEVŐK:

- 2 csésze tej (tej vagy alternatív tej)
- 2 evőkanál kakaópor
- 2 evőkanál cukor (ízlés szerint)
- 1 teáskanál szárított levendula virág
- ½ teáskanál vanília kivonat
- Díszítésnek tejszínhab és levendulaszirom

UTASÍTÁS:

a) Egy serpenyőben melegítsük fel a tejet közepes lángon, amíg forró, de nem forr.

b) Egy kis tálban keverjük össze a kakaóport és a cukrot.

c) Adjuk hozzá a szárított levendula virágokat a forró tejhez, és hagyjuk állni 5 percig. Távolítsa el a levendula virágait.

d) Fokozatosan keverje hozzá a kakaós keveréket a forró tejhez, amíg jól össze nem áll és simára nem válik.

e) Belekeverjük a vaníliakivonatot.

f) Folytassa a levendulával bevont forró csokoládé melegítését, időnként megkeverve, amíg el nem éri a kívánt hőmérsékletet.

g) Bögrékbe töltjük, a tetejét tejszínhabbal megkenjük, és levendula szirmokkal díszítjük. Tálald és élvezd!

3.Dalgona levendulás jeges kávé

ÖSSZETEVŐK:

- 2 evőkanál instant kávé
- 2 evőkanál kristálycukor
- 2 evőkanál forró víz
- 1 csésze tej (bármilyen)
- ½ teáskanál kulináris levendula bimbó
- 1 teáskanál levendula szirup vagy kivonat
- Jégkockák

UTASÍTÁS:

a) Egy keverőtálban keverje össze az instant kávét, a kristálycukrot és a forró vizet.
b) Elektromos keverővel vagy habverővel addig verjük nagy sebességgel, amíg sűrű és habos nem lesz. Ez általában 2-3 percet vesz igénybe.
c) Egy kis serpenyőben a tejet alacsony lángon melegítsük melegre. Adja hozzá a kulináris levendula rügyeket a tejhez, és hagyja állni körülbelül 5 percig.
d) Szűrje le a tejet, hogy eltávolítsa a levendula bimbóit, és tegye vissza a felfújt tejet a serpenyőbe.
e) Adjuk hozzá a levendula szirupot vagy kivonatot a felöntött tejhez, és jól keverjük össze.
f) Tölts meg egy poharat jégkockákkal.
g) Öntse a levendulával átitatott tejet a jégkockákra, és töltse meg a pohár körülbelül háromnegyedét.
h) A tej tetejére kanalazzuk a felvert kávét, réteges hatást keltve.
i) Óvatosan keverje össze a rétegeket, mielőtt élvezné.
j) Igény szerint díszíthetjük a tetejét konyhai levendularügyekkel vagy levendulacukorral.
k) Tálalja a Dalgona levendula jeges kávét lehűtve, és élvezze!

4. Sárgabarack-levendulás Crêpe s

ÖSSZETEVŐK:
- 1½ evőkanál vaj
- ½ csésze tej
- 1½ evőkanál mogyoróolaj
- 6½ evőkanál univerzális liszt
- 1 evőkanál cukor, nagylelkű
- 1 tojás
- ⅓ teáskanál friss levendula virág
- 14 Szárított sárgabarack, török
- 1 csésze rizling bor
- 1 csésze Víz
- 1½ teáskanál narancshéj, lereszelve
- 3 evőkanál méz
- ½ csésze rizling bor
- ½ csésze víz
- 1 csésze cukor
- 1 evőkanál narancshéj
- ½ evőkanál lime héja
- 1 teáskanál Friss levendula virág
- 1 csipet fogkő krém
- Ízesített tejszínhab, opcionális
- Levendula gallyak, díszítéshez

UTASÍTÁS:
Crêpe BATTER
a) A vajat mérsékelt lángon felolvasztjuk.
b) Folytassa a melegítést, amíg a vaj világosbarna színű lesz.
c) Adjunk hozzá tejet és enyhén melegítsük fel.
d) Tegye át a keveréket egy tálba. A többi hozzávalót simára keverjük.
e) Hűtőbe tesszük egy órára vagy tovább.
f) Főzze meg a palacsintákat, és helyezze egymásra műanyag fóliával vagy pergamennel, hogy ne tapadjon össze.
g) Hűtőbe tesszük felhasználásig.

SÁBARACK TÖLTETÉS
h) Keverje össze az összes hozzávalót egy serpenyőben.
i) Pároljuk körülbelül fél óráig, vagy amíg a sárgabarack megpuhul.

j) A keveréket robotgépben pürésítjük majdnem simára. Menő.

RIZLING SZÓSZ

k) Keverje össze az összes hozzávalót egy serpenyőben.

l) Forraljuk fel, keverjük, amíg a cukor feloldódik.

m) A kikristályosodás elkerülése érdekében hideg vízbe mártott kefével ecsetelje le a serpenyő oldalát.

n) Főzzük, időnként ecsettel, 240 F.-ra egy cukorka hőmérőn.

o) Vegyük le a tűzről, és mártsuk az edény alját jeges vízbe, hogy abbahagyjuk a főzést.

p) Hideg.

KISZOLGÁLNI

q) Minden palacsintába 3 evőkanál tölteléket tekerjünk, adagonként két palacsintát engedve.

r) A palacsintákat kivajazott tepsibe sorakoztatjuk fel.

s) A belülről kivajazott fóliával letakarjuk. Melegítsük fel 350 fokos F. sütőben.

t) Tegye a palacsintákat a tálalótányérokra. Merőkanál szósz a Crêpes fölött és körül.

u) Ízlés szerint tejszínhabbal és levendula ágakkal díszítjük.

5.Levendula tej

ÖSSZETEVŐK:

- 1 csésze növényi tej
- ½ teáskanál szárított kulináris levendula
- ½ teáskanál szárított kamilla
- ¼ teáskanál ashwagandha gyökérpor
- ¼ teáskanál tiszta vanília kivonat
- 1 evőkanál édesítő
- ½ evőkanál természetes ételfesték

UTASÍTÁS:

a) Adja hozzá a tejet, a levendulát, a kamillát, az ashwagandha port, a vaníliát és az ételfestéket egy kis serpenyőbe. Keverjük össze.

b) Közepes lángon felmelegítjük a tűzhelyen. Időnként megkeverve melegítjük 5 percig, hogy a hozzávalóknak legyen idejük a tejbe ázni. A legjobb, ha enyhén pároljuk egy kis gőzzel. Csökkentse a hőt, ha a levendula tej forrni kezd.

c) Vegyük le a levendula tejet a tűzről, és finom szitán szűrjük át egy csészébe vagy bögrébe.

d) Keverjük hozzá a mézet vagy juharszirupot. Én 1 evőkanálnyit használtam, de nyugodtan használd ízlésed szerint többé-kevésbé, vagy egyáltalán nem.

6.Levendula cseresznye éjszakai zab

ÖSSZETEVŐK:

- 1 csésze kesudió
- 2 ½ csésze víz
- ½ teáskanál szárított kulináris levendula
- 1 evőkanál cukor
- 1 teáskanál friss citromlé
- 1 teáskanál tiszta vanília kivonat
- 1 csésze hengerelt zab
- 1 csésze friss cseresznye, kimagozva és félbevágva
- 2 evőkanál szeletelt mandula

UTASÍTÁS:

a) Tegye a kesudiót és a vizet egy nagy teljesítményű turmixgépbe, és pürésítse nagyon krémesre és simára. A turmixgép erősségétől függően ez akár 5 percig is eltarthat.

b) Adjuk hozzá a levendulát, a cukrot, a citromlevet, a vaníliakivonatot és egy kis csipet sót. Pulzálva keverje össze, majd szűrje le hálószűrővel vagy diótejes zacskóval.

c) A kesudió-levendulás tejet egy tálba tesszük, és belekeverjük a zabot. Fedjük le és tegyük a hűtőbe, és hagyjuk 4-6 órán át, vagy egy éjszakán át ázni.

d) Tálaláskor két tálba kanalazzuk a zabot, és adjuk hozzá a cseresznyét és a mandulát. Élvezd!

7. Levendula mézes fánk

ÖSSZETEVŐK:

- 1 ½ csésze univerzális liszt
- ½ csésze kristálycukor
- 2 teáskanál sütőpor
- ¼ teáskanál só
- ¼ csésze növényi olaj
- ½ csésze tej
- 2 nagy tojás
- 1 teáskanál szárított levendula virág
- 2 evőkanál méz

UTASÍTÁS

a) Melegítsd elő a sütőt 180°C-ra, és kenj ki egy fánkformát főzőpermettel.
b) Egy nagy tálban keverjük össze a lisztet, a cukrot, a sütőport és a sót.
c) Egy másik tálban keverjük össze az olajat, a tejet, a tojást, a levendulát és a mézet.
d) A nedves hozzávalókat a száraz hozzávalókhoz öntjük, és addig keverjük, amíg össze nem áll.
e) A tésztát kanalazzuk az előkészített fánkformába úgy, hogy mindegyik formát körülbelül ¾-ig töltsük meg.
f) Süssük 12-15 percig, vagy amíg a fánk közepébe szúrt fogpiszkáló tisztán ki nem jön.
g) Hagyja a fánkokat néhány percig hűlni a serpenyőben, mielőtt rácsra helyezi, hogy teljesen kihűljön.

8.Levendulás palacsinta

ÖSSZETEVŐK:
- 1 csésze univerzális liszt
- 1 evőkanál cukor
- 1 teáskanál sütőpor
- ½ teáskanál szódabikarbóna
- ¼ teáskanál só
- 1 csésze író
- 1 nagy tojás
- 2 evőkanál olvasztott vaj
- 1 evőkanál szárított kulináris levendula bimbó

UTASÍTÁS:

a) Egy keverőtálban keverjük össze a lisztet, a cukrot, a sütőport, a szódabikarbónát és a sót.
b) Egy külön tálban habosra keverjük az írót, a tojást és az olvasztott vajat.
c) A nedves hozzávalókat a száraz hozzávalókhoz öntjük, és addig keverjük, amíg össze nem áll.
d) Hajtsa bele a szárított levendula bimbóit.
e) Melegíts fel egy tapadásmentes serpenyőt vagy serpenyőt közepes lángon, és enyhén kend meg.
f) Minden palacsintához öntsön ¼ csésze tésztát a serpenyőbe. Addig főzzük, amíg buborékok keletkeznek a felületen, majd fordítsuk meg és főzzük további 1-2 percig.
g) Ismételje meg a maradék tésztával. A palacsintákat további szárított levendula bimbóval megszórva tálaljuk.

9. Levendula Pisztácia Biscotti

ÖSSZETEVŐK:

- ½ csésze héjas pisztácia
- 8 evőkanál (1 rúd) sótlan vaj, szobahőmérsékleten
- ¾ csésze cukor
- 1 evőkanál szárított levendula virágbimbó
- 1 teáskanál vanília kivonat
- 2 tojás
- 2 csésze fehérítetlen liszt, plusz még a dagasztáshoz
- 1½ teáskanál sütőpor
- ½ teáskanál só

UTASÍTÁS:

a) Melegítse elő a sütőt 325 °F-ra.
b) Pirítsuk meg a pisztáciát egy serpenyőben, közepes lángon, folyamatosan rázzuk, amíg enyhén barna nem lesz, körülbelül 5 perc alatt. Ha kihűlt, durvára vágjuk és félretesszük.
c) Egy keverőtálban botmixerrel habosra keverjük a vajat és a cukrot.
d) Adjuk hozzá a levendula rügyeket, a vaníliát és a tojást, és verjük habosra.
e) Egy nagy tálban keverjük össze a lisztet, a sütőport és a sót. Keverjük jól össze.
f) Adjuk hozzá a száraz hozzávalókat a tejszínes keverékhez, és folytassuk a verést, amíg jól össze nem áll. Hajtsa bele a diót.
g) Lisztezett kézzel vegyük ki a tésztát a tálból. Vizes és ragacsos lesz.
h) Szórjunk meg egy kis lisztet a munkalapra, és dagasszuk a tésztát, amíg jól kezelhető lesz. Ne dolgozzuk túl a tésztát.
i) Hozzunk létre egy hosszú, 3 hüvelyk széles és 12-14 hüvelyk hosszú sütinaplót. Simítsa el az esetleges repedéseket vagy lyukakat. Sütőpapíros tepsire tesszük.
j) Süssük a süteményt 25-30 percig. Megnyomásakor továbbra is mutatnia kell egy ujj bemélyedést.
k) Hagyjuk hűlni 30 percig. Fogazott késsel vágja a biscottit 1 hüvelyk vastag szeletekre.
l) Nyújtsa ki a biscottit ugyanarra a tepsire, és süsse további 15-20 percig. Hagyjuk teljesen kihűlni.
m) A kekeznek nagyon ropogósnak kell lennie. Tárolja légmentesen záródó edényben.

10.Levendulás fűszerkenyér

ÖSSZETEVŐK:
- 1 csomag Aktív száraz élesztő
- ¼ csésze ; Meleg víz
- 1 csésze Alacsony zsírtartalmú túró
- ¼ csésze édesem
- 2 evőkanál Vaj
- 1 teáskanál Szárított levendula bimbó
- 1 evőkanál Friss citromos kakukkfű
- ½ evőkanál Friss bazsalikom; finomra vágott
- ¼ teáskanál Szódabikarbóna
- 2 Tojás
- 2½ csésze Fehérítetlen liszt
- Vaj

UTASÍTÁS:
a) Egy kis tálban oldjuk fel az élesztőt vízben.
b) Egy nagyobb tálban keverjük össze a túrót, a mézet, a vajat, a fűszernövényeket, a szódabikarbónát és a tojást. Keverjük hozzá az élesztős keveréket. Fokozatosan adjuk hozzá a lisztet, hogy kemény tésztát kapjunk, minden hozzáadás után jól verjük.
c) Fedjük le és hagyjuk kelni körülbelül 1 órát, vagy amíg duplájára nem nő.
d) A tésztát egy kanál segítségével keverjük össze. Jól kivajazott tepsibe tesszük
e) Süssük 350 F-on egy órán át egy nagy cipóhoz, 20-30 percig kis cipókhoz

11.Levendulás áfonyás Muffin

ÖSSZETEVŐK:
- 2 csésze univerzális liszt
- 1/2 csésze cukor
- 1 evőkanál szárított levendula virág (élelmiszeri)
- 1 evőkanál sütőpor
- 1/2 teáskanál só
- 1 csésze tej
- 1/2 csésze sózatlan vaj, olvasztott
- 1 nagy tojás
- 1 teáskanál vanília kivonat
- 1 csésze friss áfonya

UTASÍTÁS:
a) Melegítsük elő a sütőt 190 °C-ra, és béleljünk ki egy muffinsütőt papírlapokkal.
b) Egy nagy tálban keverjük össze a lisztet, a cukrot, a szárított levendulát, a sütőport és a sót.
c) Egy másik tálban keverjük össze a tejet, az olvasztott vajat, a tojást és a vaníliakivonatot.
d) Adjuk hozzá a nedves hozzávalókat a száraz hozzávalókhoz, és keverjük addig, amíg össze nem áll.
e) Óvatosan beleforgatjuk az áfonyát.
f) Osszuk el a masszát a muffinformák között, és süssük 18-20 percig, vagy amíg a közepébe szúrt fogpiszkáló tisztán ki nem jön.

12. Levendulás áfonyás palacsinta

ÖSSZETEVŐK:

- 1 csésze univerzális liszt
- 1 evőkanál cukor
- 1 teáskanál sütőpor
- 1/2 teáskanál szódabikarbóna
- 1/4 teáskanál só
- 1 csésze író
- 1 nagy tojás
- 2 evőkanál olvasztott vaj
- 1 evőkanál szárított levendula bimbó
- 1 csésze friss áfonya

UTASÍTÁS:

a) Egy tálban habosra keverjük a lisztet, a cukrot, a sütőport, a szódabikarbónát és a sót.
b) Egy külön tálban habosra keverjük az írót, a tojást, az olvasztott vajat és a szárított levendularügyeket.
c) A nedves hozzávalókat a száraz hozzávalókhoz öntjük, és addig keverjük, amíg össze nem áll.
d) Finoman beleforgatjuk a friss áfonyát.
e) A palacsintákat rácson vagy serpenyőben közepes lángon süsd aranybarnára mindkét oldalukon.

13.Levendula joghurtos parfé

ÖSSZETEVŐK:
- 1 csésze görög joghurt
- 2 evőkanál méz
- 1 teáskanál szárított levendula virág
- 1/2 csésze granola
- Friss bogyók (pl. eper, áfonya)

UTASÍTÁS:
a) Egy tálban keverjük össze a görög joghurtot, a mézet és a szárított levendula virágokat.
b) A tálalópoharakban vagy tálakban a levendula joghurtot granolával és friss bogyós gyümölcsökkel rétegezzük.
c) Ismételje meg a rétegeket, amíg el nem éri a tetejét.
d) Díszítsük további levendulával és egy csepp mézzel.

14. Levendula befőttes francia pirítós

ÖSSZETEVŐK:

- 4 szelet kenyér
- 2 nagy tojás
- 1/2 csésze tej
- 1 teáskanál vanília kivonat
- 1 evőkanál szárított levendula bimbó
- Vaj főzéshez
- Juharszirup a tálaláshoz

UTASÍTÁS:

a) Egy sekély edényben keverjük össze a tojást, a tejet, a vaníliakivonatot és a szárított levendularügyeket.
b) Minden szelet kenyeret mártson a tojásos keverékbe, ügyelve arra, hogy mindkét oldala be legyen vonva.
c) Egy serpenyőben közepes lángon felhevítjük a vajat, és a beáztatott kenyeret mindkét oldalukon aranybarnára sütjük.
d) Egy csepp juharsziruppal tálaljuk.

15.Levendula és citrom pogácsa

ÖSSZETEVŐK:
- 2 csésze univerzális liszt
- 1/3 csésze cukor
- 1 evőkanál sütőpor
- 1/2 teáskanál só
- 1 evőkanál szárított levendula virág
- 1 citrom héja
- 1/2 csésze sótlan vaj, hidegen és kockára vágva
- 2/3 csésze tej
- 1 teáskanál vanília kivonat

UTASÍTÁS:
a) Melegítsük elő a sütőt 220 C-ra, és béleljünk ki egy tepsit sütőpapírral.
b) Egy nagy tálban keverjük össze a lisztet, a cukrot, a sütőport, a sót, a szárított levendulát és a citromhéjat.
c) Adjuk hozzá a hideg, kockára vágott vajat, és ujjunkkal dörzsöljük a száraz hozzávalókhoz, amíg a keverék durva morzsára nem hasonlít.
d) Keverje hozzá a tejet és a vaníliakivonatot, amíg össze nem áll.
e) A tésztát lisztezett felületre borítjuk, kör alakúra kinyújtjuk, és szeletekre vágjuk.
f) Helyezze a szeleteket az előkészített tepsire, és süsse 12-15 percig, vagy amíg aranybarna nem lesz.

16.Levendula vanília Chia puding

ÖSSZETEVŐK:

- 1/4 csésze chia mag
- 1 csésze mandulatej (vagy tetszőleges tej)
- 1 evőkanál szárított levendula virág
- 1 teáskanál vanília kivonat
- Friss gyümölcs öntethez

UTASÍTÁS:

a) Egy tálban keverjük össze a chia magot, a mandulatejet, a szárított levendula virágot és a vanília kivonatot.

b) Fedjük le és tegyük hűtőbe egy éjszakára vagy legalább 4 órára, amíg a chia mag fel nem szívja a folyadékot.

c) Tálalás előtt alaposan keverjük össze, és tegyük a tetejére friss gyümölcsöt.

17.Levendulás banán kenyér

ÖSSZETEVŐK:

- 2 érett banán, pépesítve
- 1/3 csésze olvasztott vaj
- 1 teáskanál szárított levendula bimbó
- 1 teáskanál vanília kivonat
- 1 tojás, felvert
- 1 teáskanál szódabikarbóna
- Csipet só
- 1 1/2 csésze univerzális liszt

UTASÍTÁS:

a) Melegítsd elő a sütőt 175°C-ra (350°F), és kivajazd a tepsit.
b) Egy nagy tálban keverjük össze a pépesített banánt, az olvasztott vajat, a szárított levendularügyeket, a vaníliakivonatot és a felvert tojást.
c) Adjuk hozzá a szódabikarbónát, a sót és a lisztet a banános keverékhez, keverjük addig, amíg össze nem áll.
d) Öntse a tésztát az előkészített tepsibe, és süsse 60-65 percig, vagy amíg a közepébe szúrt fogpiszkáló tisztán ki nem jön.

18. Levendulás Earl Grey tea Muffin

ÖSSZETEVŐK:
- 2 csésze univerzális liszt
- 1/2 csésze cukor
- 2 teáskanál sütőpor
- 1/2 teáskanál szódabikarbóna
- 1/4 teáskanál só
- 1 evőkanál szárított levendula virág
- 1 csésze Earl Grey tea, főzve és lehűtve
- 1/3 csésze növényi olaj
- 1 tojás
- 1 teáskanál vanília kivonat

UTASÍTÁS:
a) Melegítsük elő a sütőt 190 °C-ra, és béleljünk ki egy muffinsütőt papírlapokkal.
b) Egy tálban habosra keverjük a lisztet, a cukrot, a sütőport, a szódabikarbónát, a sót és a szárított levendula virágokat.
c) Egy másik tálban keverje össze a főzött Earl Grey teát, a növényi olajat, a tojást és a vaníliakivonatot.
d) A nedves hozzávalókat a száraz hozzávalókhoz öntjük, addig keverjük, amíg össze nem áll.
e) Osszuk el egyenletesen a tésztát a muffinformák között, és süssük 18-20 percig, vagy amíg a közepébe szúrt fogpiszkáló tisztán ki nem jön.

NAGYOK ÉS ELŐÉTELEK

19.Limoncello terek levendulával

ÖSSZETEVŐK:
A KÉGRE:
- 1 ½ csésze graham kekszmorzsa
- ¼ csésze kristálycukor
- ½ csésze sózatlan vaj, olvasztott

A TÖLTETÉSHEZ:
- 2 csésze édesített sűrített tej
- ½ csésze friss citromlé
- ¼ csésze Limoncello likőr
- 2 teáskanál szárított levendula virág

UTASÍTÁS:
a) Melegítsük elő a sütőt 350 °F-ra (175 °C). Kivajazunk egy 9x9 hüvelykes tepsit.
b) Egy keverőtálban keverjük össze a Graham keksz morzsát, a kristálycukrot és az olvasztott vajat. Addig keverjük, amíg a morzsákat egyenletesen bevonják.
c) A morzsás keveréket az előkészített tepsi aljába nyomkodjuk, hogy a héjat formázzuk.
d) Az előmelegített sütőben 10 percig sütjük a héjat. Kivesszük a sütőből és hagyjuk kihűlni.
e) Egy külön tálban keverje össze az édesített sűrített tejet, a citromlevet, a Limoncello likőrt és a szárított levendulavirágokat, amíg jól össze nem áll.
f) A kihűlt tésztára öntjük a tölteléket, és egyenletesen eloszlatjuk.
g) Tegye vissza a tepsit a sütőbe, és süsse további 15 percig.
h) Vegyük ki a sütőből és hagyjuk szobahőmérsékletűre hűlni.
i) Hűtőbe tesszük legalább 2 órára, vagy amíg megszilárdul a töltelék.
j) Vágja négyzetekre, és tálalja az elragadó Limoncello Squares-t levendulával.

20. Levendula Honey Madeleines

ÖSSZETEVŐK:
- 1 teáskanál olvasztott vaj a madeleines tálcához
- 2 nagy tojás
- 3 uncia (80 g) porcukor
- 3½ uncia (100 g) vaj, megolvasztva és kissé lehűtve
- 2 evőkanál (30 g) méz
- ½ citrom, csak héja
- 1 teáskanál friss citromlé
- 3½ uncia (100 g) univerzális liszt
- ¾ teáskanál sütőpor
- 2 teáskanál száraz levendula virág
- 3 teáskanál levendula kivonat

UTASÍTÁS:
a) Melegítsd elő a sütőt 200°C-ra (400°F). Kenje meg a madeleine tálcát olvasztott vajjal, vagy használjon főzőspray-t, majd szórja be liszttel, hogy bevonja a formákat, ütögesse ki a felesleges lisztet.
b) Egy tálban habosra keverjük a tojásokat és a porcukrot. Adjuk hozzá az olvasztott vajat, a mézet, a citrom levét és a héját, a levendula kivonatot, és szitáljuk bele a sütőporos lisztet. Keverjük jól össze.
c) A száraz levendula virágokat beledolgozzuk a tésztába, és jól összedolgozzuk. Hagyja a tésztát 20 percig pihenni.
d) Óvatosan öntse a masszát az előkészített madeleine tálcába, és töltse meg mindegyik formát körülbelül ¾-ig.
e) Süssük a madeleineket 8-10 percig, vagy amíg a keverék a közepén kissé megkelt, és teljesen át nem sül. A madeleine-nek enyhén aranyszínűnek kell lennie.
f) Vegye ki a madeleine-t a sütőből, és tegye át rácsra. Tálalás előtt hagyjuk kissé kihűlni őket.
g) Ezek a gyönyörű levendula mézes Madeleine-ek elragadó csemege levendula, citrom és méz finom ízével. Tökéletes ehető ajándék lehet szeretteinek, különösen kis műanyag tasakban csomagolva. Élvezze finom illatukat és ízüket egy csésze tea vagy kávé mellett!

21.Levendula Earl Grey tea infúziós brownie

ÖSSZETEVŐK:
- 2 Earl Grey teászacskó
- 1 evőkanál szárított levendula bimbó
- 1 csésze sótlan vaj
- 2 csésze kristálycukor
- 4 nagy tojás
- 1 teáskanál vanília kivonat
- 1 csésze univerzális liszt
- ½ csésze kakaópor
- ¼ teáskanál só
- ½ csésze fehér csokoládé chips

UTASÍTÁS:
a) Melegítse elő a sütőt 350 °F-ra, és zsírozzon ki egy 9x13 hüvelykes tepsit.
b) Vágja fel az Earl Grey teatasakokat, és keverje össze a laza tealeveleket a szárított levendula bimbókkal egy kis tálban.
c) Olvasszuk fel a vajat egy serpenyőben alacsony lángon. Adjuk hozzá a tea és a levendula keveréket, és hagyjuk hatni néhány percig. Szűrjük le a teát és a levendulát, és hagyjuk kissé kihűlni a vajat.
d) Egy keverőtálban keverjük össze az olvasztott vajat, a cukrot, a tojásokat és a vaníliakivonatot. Jól összekeverni.
e) Egy külön tálban keverjük össze a lisztet, a kakaóport és a sót. Fokozatosan adjuk hozzá a száraz hozzávalókat a nedves hozzávalókhoz, és addig keverjük, amíg össze nem áll.
f) Belekeverjük a fehércsokidarabkákat.
g) A masszát az előkészített tepsibe öntjük és egyenletesen elosztjuk.
h) Kb. 25-30 percig sütjük, vagy amíg a közepébe szúrt fogpiszkálóból néhány nedves morzsa ki nem jön.
i) Hagyja kihűlni a brownie-kat, mielőtt négyzetekre vágja őket.

22.Levendulás omlós sütemény

ÖSSZETEVŐK:
- ½ csésze sózatlan vaj, szobahőmérsékleten
- ½ csésze cukrászcukor, szitálatlan
- 2 teáskanál szárított levendulavirág
- 1 teáskanál zúzott szárított fodormenta levél
- ⅛ teáskanál fahéj
- 1 csésze szitálatlan liszt

UTASÍTÁS:
a) Melegítsd elő a sütőt 163°C-ra (325°F). Készítsen elő egy 8 hüvelykes, négyzet alakú tepsit úgy, hogy bélelje ki alufóliával, és enyhén vonja be a fóliát növényi olajspray-vel.
b) A szobahőmérsékletű vajat egy keverőedényben addig keverjük, amíg világos és habos nem lesz.
c) Keverje hozzá a cukrász cukrot, a szárított levendulavirágokat, az összetört szárított fodormenta leveleket és a fahéjat. Addig keverjük, amíg az összes összetevő jól össze nem keveredik.
d) Fokozatosan dolgozzuk bele a szitálatlan lisztet, és folytassuk a turmixolást, amíg a keverék omlóssá nem válik.
e) Az omlós tésztakeveréket az előkészített tepsibe kaparjuk, és egyenletesre simítjuk, majd finoman nyomkodjuk, hogy egyenletesen tömörödjön.
f) Süssük az omlós tésztát az előmelegített sütőben 25-30 percig, vagy amíg a szélei körül enyhén aranybarnák nem lesznek.
g) Óvatosan emelje ki a fóliát és a megsült omlós tésztát is a formából, és egy vágófelületre helyezze.
h) Egy fogazott késsel szeletelje fel a sült omlós tészta rudakat vagy négyzeteket.
i) Tegye át a felszeletelt sütiket egy rácsra, hogy teljesen kihűljön.
j) Tárolja a házi levendulás omlós süteményeket egy jól lezárt dobozban, hogy frissen tartsa őket.
k) Élvezze az elragadó levendulás omlós sütiket édes csemegeként, egy csipetnyi aromás levendulával és fodormentával!

23. Mini eperpite levendula krémmel

ÖSSZETEVŐK:
A CITROMOS-LEVENDULÁS KRÉMHEZ:
- 16 uncia sima zsírmentes joghurt
- 3-4 evőkanál cukor (ízlés szerint)
- 2 teáskanál citromhéj
- Néhány csepp narancs kivonat vagy virágvíz
- 1 teáskanál szárított levendula

AZ EPER PITTÉHEZ:
- 16 wonton csomagolóanyag (egyenként 3 hüvelyk)
- Vajízű főzőspray
- 16 nagy érett eper (kb. 2 csésze)
- 2 evőkanál ribizli zselé, 1 evőkanál vízzel felolvasztva
- 2 evőkanál apróra vágott pisztácia

UTASÍTÁS:
A CITROMOS-LEVENDULÁS KRÉMHEZ:
a) A joghurtot 6 órán át lecsepegtetve joghurt "sajtot" készíthet. Tegye át a joghurtos sajtot egy nagy keverőtálba.
b) Belekeverjük a cukrot (3 evőkanállal kezdjük és ízlés szerint igazítjuk), a citromhéjat, a narancskivonatot vagy a virágvizet és a szárított levendulát. Keverjük jól össze. Félretesz, mellőz.

AZ EPER PITTÉHEZ:
c) Melegítse elő a sütőt 200°C-ra (400 F fokra).
d) Fújja be a kis (2 hüvelykes) hornyolt formákat főzőpermettel. Bélelje ki a formákat wonton burkolattal, ügyelve arra, hogy teljesen befedje a formákat.
e) A tésztahéjak belsejét permetezzük be főzőpermettel, és az előmelegített sütőben süssük ropogósra és aranybarnára, körülbelül 6-8 perc alatt. Kivesszük a formákból és rácson kihűtjük.
f) Készítse elő az epret úgy, hogy mindegyik bogyóba több párhuzamos szeletet vág (körülbelül ⅛ hüvelyk távolságra) a hegyes végétől kezdve, és a bogyó feléig szeletelve. Óvatosan pörgesse ki az egyes epret az ujjaival. Ezt a lépést előre megteheti.
g) Tálaláskor tegyünk 2 evőkanál citromos-levendulás krémet minden tortahéjba.

h) Minden tartlet tetejére tegyél egy legyezős epret, és kend meg az epret olvasztott ribizli zselével.
i) Minden tortalap tetejére szórjunk apróra vágott pisztácia diót.
j) Azonnal tálaljuk a falatnyi eperpitéket citromos-levendulás krémmel, és fogyasszuk!
k) Ezek az elragadó mini piték édes és csípős csemege virágos levendulával és citrusos citrommal.

24.Levendula rizs Krispy finomságok

ÖSSZETEVŐK:

- 6 csésze Krispy rizspehely
- 16 uncia zacskó vagy 9 csésze mini mályvacukor
- 4 evőkanál vaj
- ½ teáskanál vanília kivonat
- ¼ teáskanál levendula kivonat
- 9 uncia lila olvadó csokoládé
- Sprinkles
- Friss levendula (opcionális)

UTASÍTÁS:

a) Egy nagy fazékban olvasszuk fel a vajat és 7 csésze mini mályvacukrot közepes lángon. 15-30 másodpercenként keverje meg, amíg a vaj és a mályvacukor teljesen össze nem keveredik.

b) Az olvasztott mályvacukros keverékhez keverjük a vanília és levendula kivonatot.

c) Adjuk hozzá a Rice Krispy gabonát, és keverjük addig, amíg mindent jól be nem von a mályvacukor keverék.

d) Hagyja állni a keveréket 1 percig, hogy kissé lehűljön.

e) Keverje hozzá a maradék mini mályvacukrot, amíg egyenletesen el nem oszlik.

f) Permetezzen be egy 9 x 13 hüvelykes serpenyőt tapadásmentes főzőpermettel, majd vigye át a Rice Krispy keveréket a serpenyőbe.

g) Permetezze meg a kezét tapadásmentes főzőpermettel, és nyomja le a keveréket a serpenyőbe, hogy egyenletes réteget hozzon létre.

h) Helyezze a serpenyőt a hűtőszekrénybe legalább 30 percre, hogy a finomságok megdermedjenek.

i) Amíg a finomságok hűlnek, olvasszuk fel a lila olvadó csokoládét egy mikrohullámú sütőben használható tálban 30 másodperces időközönként, amíg teljesen fel nem olvad.

j) Ha a Rice Krispy finomságok kihűltek és megszilárdultak, daraboljuk fel őket egyenként, és tegyük sütőpapírral bélelt tepsire.

k) Az egyes Rice Krispy csemege alsó harmadát mártsuk az olvasztott csokoládéba. Csavarja le a felesleges csokoládét a tál oldaláról, majd kaparja le az alját.

l) Helyezze vissza a mártott finomságokat a sütőpapírra, hogy a csokoládé megszáradjon. Ismételje meg ezt a folyamatot a maradék finomságokkal.
m) Ha befejezte a mártást, tegye a maradék olvasztott csokoládét egy zsákba.
n) Csorgassunk csokit a Rice Krispy csemege tetejére.
o) Díszítésként szórjuk bele a friss levendulát.

25.Levendula zabpehely No Bake Energy Balls

ÖSSZETEVŐK:
- 1½ csésze száraz zabpehely
- 1 csésze sima mogyoróvaj vagy bármilyen tetszőleges dióvaj
- ¼ csésze méz
- ½ teáskanál levendula kivonat
- ¼ csésze szárított áfonya
- 2 evőkanál cukrozatlan kókuszreszelék
- ¼ csésze manduladara
- 2 evőkanál lenmag vagy napraforgómag
- 1 teáskanál levendula tengeri só

UTASÍTÁS:
a) Egy közepes méretű tepsit kibélelünk sütőpapírral, és félretesszük.
b) Egy kis mikrohullámú sütőben használható tálban keverje össze a mogyoróvajat és a mézet. Mikrohullámú sütőben 30 másodpercig, vagy amíg a keverék megpuhul. Adjuk hozzá a levendula kivonatot és jól keverjük össze.
c) Egy nagy tálba adjuk hozzá a maradék száraz hozzávalókat, beleértve a száraz zabpelyhet, a szárított áfonyát, a kókuszreszeléket, a manduladarat, a lenmagot vagy a napraforgómagot és a Lavender Fields Forever tengeri sót.
d) Keverje hozzá a mogyoróvajat, mézet és levendulát a tálba a száraz hozzávalókkal. Addig keverjük, amíg minden jól össze nem áll. Ha a keverék még mindig kissé ragacsos, helyezze a tálat 10 percre a fagyasztóba, mielőtt a következő lépésre lépne.
e) Egy kanál segítségével kanalazzon ki a keverékből körülbelül 1-1,5 méretű adagokat. A tenyerével minden adagból kis golyót formázunk, és az előkészített tepsire helyezzük. Ismételje meg ezt a folyamatot a maradék keverékkel.
f) Tedd hűtőbe az energiagolyókat tartalmazó tálcát 30 percre, hogy megszilárduljanak.
g) Hűtés után tárolja a levendula zabpehely No Bake Energy Balls-ot egy nagy, légmentesen záródó edényben.

26.Levendula méz Profiteroles

ÖSSZETEVŐK:

- 1 csésze víz
- 1/2 csésze sótlan vaj
- 1 csésze univerzális liszt
- 4 nagy tojás
- 1 csésze tejszínhab
- 2 evőkanál levendulaméz
- Friss levendula díszítéshez

UTASÍTÁS:

a) Melegítsd elő a sütőt 200°C-ra, és bélelj ki egy tepsit sütőpapírral.
b) Egy serpenyőben forraljuk fel a vizet és a vajat. Hozzáadjuk a lisztet és addig keverjük, amíg sima tésztát nem kapunk.
c) Vegyük le a tűzről, és hagyjuk hűlni néhány percig. Egyenként hozzáadjuk a tojásokat, minden hozzáadás után jól felverjük.
d) Tegye át a tésztát egy zsákba, és kis halmokat pipáljon a tepsire. Süssük 20-25 percig, vagy amíg aranybarna nem lesz.
e) Egy tálban kemény habbá verjük a tejszínt. Óvatosan forgasd bele a levendulamézet.
f) A profiterolokat félbevágjuk, megtöltjük levendulamézkrémmel, és friss levendulával díszítjük.

27. Levendula Sugar Churros

ÖSSZETEVŐK:
- 1 csésze erős Earl Grey tea
- 2 csésze gluténmentes liszt
- ¼ csésze levendulacukor
- 1 evőkanál vaj
- 3 tojás
- Olaj a rántáshoz
- Levendulacukor a porozáshoz

UTASÍTÁS:
LEVENDULA CUKOR:
a) Keverje össze a cukrot és néhány evőkanál kulináris levendularügyet egy konyhai robotgépben.
b) Forgassa a cukrot a robotgépben, amíg a levendula finomra nem vágódik, és egyenletesen eloszlik a cukorban.

CHURROS:
c) Tegye a gluténmentes lisztet, a levendulacukrot és a vajat egy keverőtálba.
d) Öntsön egy csésze erős Earl Grey teát, és alaposan keverje össze. A tea hője megolvasztja a vajat.
e) Adjuk hozzá a tojásokat, és folytassuk a keverést, amíg sima és rugalmas tésztát nem kapunk.
f) Tegye át a tészta egy részét egy hornyolt fúvókával ellátott csőzsákba.
g) Óvatosan csepegtesse a tésztát közvetlenül a forró olajba. Ha a zacskót az olaj közelében tartja, megakadályozza a kifröccsenést. A tészta elég vastag ahhoz, hogy lassan csepegjen, felesleges nedvesség nélkül.
h) A churros-t addig sütjük, amíg szép aranybarna nem lesz. Félidőben meg kell őket fordítani egy csipesszel, hogy mindkét oldaluk tökéletesen átsüljön. Felpuffadnak és kellemesen dússá válnak, ezért ne zsúfoljuk túl a serpenyőt, nehogy összeragadjanak.
i) Azonnal dobja a forró churros-t több levendulacukorral, ügyelve arra, hogy felülről lefelé bőségesen bevonják őket.
j) A meleg és ropogós finomságokat azonnal tálaljuk.

28.Levendula Hummus pita chipsekkel

ÖSSZETEVŐK:
- 1 doboz (15 uncia) csicseriborsó, lecsepegtetve és leöblítve
- 3 evőkanál tahini
- 2 evőkanál olívaolaj
- 1 evőkanál citromlé
- 1 gerezd fokhagyma, felaprítva
- 1 teáskanál szárított levendula bimbó
- Só és bors ízlés szerint
- Pita kenyér, háromszögekre vágva, chipsnek sütve

UTASÍTÁS:
a) Aprítógépben keverje össze a csicseriborsót, a tahinit, az olívaolajat, a citromlevet, a fokhagymát, a szárított levendularügyet, a sót és a borsot.
b) Keverjük simára és krémesre.
c) A levendula humuszt sült pita chipsekkel tálaljuk.

29.Levendulás pattogatott kukorica

ÖSSZETEVŐK:

- 1/2 csésze pattogatott kukorica mag
- 3 evőkanál sótlan vaj, olvasztott
- 1 evőkanál szárított levendula virág
- Só ízlés szerint

UTASÍTÁS:

a) Dögölje meg a popcorn magokat a kívánt módszerrel.
b) Egy kis serpenyőben felolvasztjuk a vajat, és hozzáadjuk a szárított levendula virágokat. Hagyja pár percig állni.
c) Szűrjük le a levendulával bevont vajat, és csorgassuk rá a pattogatott kukoricára.
d) Dobd rá a pattogatott kukoricát, hogy egyenletesen bevonódjon, és ízlés szerint szórd meg sóval.

30.Levendulás kecskesajt Crostini

ÖSSZETEVŐK:

- 1/2 csésze méz
- Egy csipet levendula frissen vagy szárítva
- 2 őszibarack
- 1/2 baguette, 1 hüvelykes szeletekre vágva, pirítva
- 6-8 uncia kecskesajt (bármilyen – fiatal, érett, hamuval borított)
- Friss mentalevél, sifonád

UTASÍTÁS:

a) Egy kis serpenyőben melegítse a mézet és a levendulát alacsony lángon körülbelül 4 percig. Vegyük le a tűzről, és hagyjuk a mézet szobahőmérséklet fölé hűlni.
b) Vágja az őszibarackot körülbelül 1/4 hüvelyk vastag szeletekre.
c) A pirított köröket megkenjük kecskesajttal. Tetejét barackszeletekkel megkenjük. Adjunk hozzá néhány menta szeletet, majd enyhén csepegtessük le a levendula-mézes keverékkel.

31. Levendula és rozmaring pirított dió

ÖSSZETEVŐK:
- 2 csésze vegyes dió (mandula, pekándió, kesudió)
- 2 evőkanál olvasztott vaj
- 1 evőkanál szárított levendula bimbó
- 1 evőkanál apróra vágott friss rozmaring
- 1 evőkanál barna cukor
- 1/2 teáskanál tengeri só

UTASÍTÁS:
a) Melegítsd elő a sütőt 175°C-ra, és bélelj ki egy tepsit sütőpapírral.
b) Egy tálban keverjük össze az olvasztott vajat, a szárított levendula bimbókat, az apróra vágott rozmaringot, a barna cukrot és a tengeri sót.
c) Adjuk hozzá az összekevert diót a tálba, és addig keverjük, amíg jól bevonat nem lesz.
d) Az előkészített tepsire kenjük a diós keveréket, és félidőben kevergetve 15-20 percig sütjük.
e) Tálalás előtt hagyjuk kihűlni a diót.

32.Levendula és citrom ördögtojás

ÖSSZETEVŐK:
- 6 kemény tojás, meghámozva és félbevágva
- 3 evőkanál majonéz
- 1 teáskanál dijoni mustár
- 1 citrom héja
- 1/2 teáskanál szárított levendula bimbó
- Só és bors ízlés szerint
- Friss metélőhagyma a díszítéshez

UTASÍTÁS:
a) A tojásfelek sárgáját kikanalazzuk, és egy tálba tesszük.
b) A sárgáját pépesítjük, hozzáadjuk a majonézt, a dijoni mustárt, a citromhéjat, a szárított levendularügyet, a sót és a borsot. Keverjük simára.
c) A sárgás keveréket visszakanalazzuk a tojásfehérjébe.
d) Tálalás előtt friss metélőhagymával díszítjük.

33.Levendula és mézzel sült Brie

ÖSSZETEVŐK:

- 1 kerék Brie sajt
- 2 evőkanál méz
- 1 teáskanál szárított levendula bimbó
- Szeletelt baguette vagy keksz a tálaláshoz

UTASÍTÁS:

a) Melegítsük elő a sütőt 350 °F-ra (175 °C).
b) Helyezze a Brie-korongot egy tepsire.
c) Csorgassunk mézet a Brie-re, és szórjunk rá szárított levendula bimbókat.
d) Süssük 10-12 percig, vagy amíg a Brie ragacsos és puha nem lesz.
e) Szeletelt bagettel vagy keksszel tálaljuk.

34. Levendula és citrom Guacamole

ÖSSZETEVŐK:
- 3 érett avokádó, pépesítve
- 1 evőkanál friss citromlé
- 1 citrom héja
- 1 teáskanál szárított levendula virág
- 1/4 csésze vöröshagyma, apróra vágva
- 2 evőkanál friss koriander, apróra vágva
- Só és bors ízlés szerint
- Tortilla chips a tálaláshoz

UTASÍTÁS:
a) Egy tálban keverje össze a tört avokádót, a citromlevet, a citromhéjat, a szárított levendula virágokat, az apróra vágott lilahagymát és a koriandert.
b) Jól összekeverjük és ízlés szerint sózzuk, borsozzuk.
c) A levendulát és a citromos guacamolét tortilla chipsekkel tálaljuk.

35. Levendulás és gyógynövényes sajttal töltött paradicsom

ÖSSZETEVŐK:
- koktélparadicsom
- 8 uncia krémsajt, lágyítva
- 1 teáskanál szárított levendula bimbó
- 1 evőkanál friss metélőhagyma apróra vágva
- Só és bors ízlés szerint

UTASÍTÁS:
a) Vágjuk le a koktélparadicsom tetejét, és kanalazzuk ki a magokat.
b) Egy tálban keverjük össze a puha krémsajtot, a szárított levendula bimbókat, az apróra vágott metélőhagymát, a sót és a borsot.
c) Töltsön meg minden koktélparadicsomot a levendula és gyógynövényes krémsajt keverékével.
d) Tálalás előtt hűtsük le a hűtőszekrényben.

FŐÉTEL

36.Levendula mézes mázas sertés hátszín

ÖSSZETEVŐK:
- 2 sertés szűzpecsenye
- 2 evőkanál szárított levendula virág
- 1/4 csésze méz
- 3 evőkanál dijoni mustár
- 2 gerezd fokhagyma, felaprítva
- Só és bors ízlés szerint

UTASÍTÁS:
a) Melegítsük elő a sütőt 190 °C-ra (375 °F).
b) Egy kis serpenyőben közepes lángon melegítsd fel a mézet, a dijoni mustárt, a darált fokhagymát, a szárított levendulát, a sót és a borsot, amíg jól össze nem keveredik.
c) A sertés szűzpecsenyét tepsibe tesszük, és levendula mézes mázat kenjük rájuk.
d) Süssük 25-30 percig, vagy amíg a belső hőmérséklet el nem éri a 145°F-ot (63°C).
e) Hagyja a sertéshúst néhány percig pihenni, mielőtt felszeletelné.

37.Levendula mézes mázas csirke

ÖSSZETEVŐK:
- 4 csont nélküli, bőr nélküli csirkemell
- 2 evőkanál szárított levendula bimbó
- 1/4 csésze méz
- 2 evőkanál olívaolaj
- Só és bors ízlés szerint

UTASÍTÁS:
a) Melegítsük elő a sütőt 190 °C-ra (375 °F).
b) Egy kis tálban keverjük össze a szárított levendularügyeket, a mézet, az olívaolajat, a sót és a borsot, hogy mázat kapjunk.
c) A csirkemelleket tepsibe tesszük, és levendula mézes mázat kenjük rájuk.
d) 25-30 percig sütjük, vagy amíg a csirke megpuhul.
e) Tálalás előtt díszítsük friss levendula ágakkal.

38. Levendula citrom grillezett lazac

ÖSSZETEVŐK:
- 4 lazac filé
- 1 evőkanál szárított levendula virág
- 1 citrom héja és leve
- 2 evőkanál olívaolaj
- Só és bors ízlés szerint

UTASÍTÁS:
a) Melegítsük elő a grillt közepesen magas hőfokra.
b) Egy tálban keverjük össze a szárított levendulavirágokat, a citromhéjat, a citromlevet, az olívaolajat, a sót és a borsot.
c) Kenjük le a levendula keveréket a lazacfilékre.
d) A lazacot oldalanként 4-5 percig grillezzük, vagy amíg villával könnyen fel nem lobban.
e) Citromkarikával és friss levendulával tálaljuk.

39.Levendulás gombás rizottó

ÖSSZETEVŐK:
- 1 csésze Arborio rizs
- 1/2 csésze száraz fehérbor
- 4 csésze zöldség- vagy csirkehúsleves, melegen tartva
- 1 evőkanál szárított levendula bimbó
- 1 csésze válogatott gomba, szeletelve
- 1/2 csésze reszelt parmezán sajt
- 2 evőkanál vaj
- Só és bors ízlés szerint

UTASÍTÁS:
a) Egy nagy serpenyőben puhára pároljuk a gombát. Félretesz, mellőz.
b) Ugyanabban a serpenyőben adjunk hozzá Arborio rizst, és főzzük enyhén pirulásig.
c) Felöntjük a fehérborral, és párolgásig főzzük.
d) Fokozatosan, egy merőkanállal adjuk hozzá a meleg húslevest, miközben folyamatosan keverjük, amíg felszívódik.
e) Keverje hozzá a szárított levendularügyet, és főzze tovább, amíg a rizs krémes és puha nem lesz.
f) Hajtsa bele a pirított gombát, parmezán sajtot, vajat, sót és borsot.

40. Levendula és fűszernövények kérges bárányszelet

ÖSSZETEVŐK:

- 8 bárányszelet
- 2 evőkanál szárított levendula virág
- 1 evőkanál friss rozmaring, apróra vágva
- 1 evőkanál friss kakukkfű apróra vágva
- 3 gerezd fokhagyma, felaprítva
- 2 evőkanál olívaolaj
- Só és bors ízlés szerint

UTASÍTÁS:

a) Melegítsd elő a sütőt 200°C-ra (400°F).
b) Egy tálban keverjük össze a szárított levendulavirágokat, az apróra vágott rozmaringot, a kakukkfüvet, a darált fokhagymát, az olívaolajat, a sót és a borsot.
c) Dörzsölje a levendula fűszerkeveréket a bárányszeletekre.
d) Melegíts fel egy serpenyőt közepesen magas lángon, és pirítsd meg a bárányszeleteket mindkét oldalán.
e) Tegye át a karajokat egy tepsibe, és süsse a sütőben 15-20 percig, vagy a kívánt készre.
f) Tálalás előtt néhány percig pihentetjük a bárányszeleteket.

41.Levendulás és citrom grillezett csirke nyárs

ÖSSZETEVŐK:

- 2 kiló csont nélküli, bőr nélküli csirkecomb, kockákra vágva
- 2 evőkanál szárított levendula bimbó
- 2 citrom héja és leve
- 3 evőkanál olívaolaj
- 2 gerezd fokhagyma, felaprítva
- Só és bors ízlés szerint
- Vízbe áztatott fa nyárs

UTASÍTÁS:

a) Egy tálban keverjük össze a szárított levendularügyet, a citromhéjat, a citromlevet, az olívaolajat, a darált fokhagymát, a sót és a borsot.
b) A beáztatott nyársra csirkekockákat fűzünk.
c) Kenjük le a levendulás-citromos pácot a csirkére.
d) A nyársakat 8-10 percig grillezzük, időnként megforgatva, amíg teljesen meg nem főnek.

42.Levendula és fűszernövényekkel sült sült tőkehal

ÖSSZETEVŐK:
- 4 tőkehal filé
- 1 evőkanál szárított levendula virág
- 2 evőkanál friss petrezselyem, apróra vágva
- 1 evőkanál friss kapor, apróra vágva
- 3 evőkanál zsemlemorzsa
- 2 evőkanál olívaolaj
- Só és bors ízlés szerint
- Citromszeletek a tálaláshoz

UTASÍTÁS:
a) Melegítsük elő a sütőt 190 °C-ra (375 °F).
b) Egy tálban keverjük össze a szárított levendulavirágokat, az apróra vágott petrezselymet, az apróra vágott kaprot, a zsemlemorzsát, az olívaolajat, a sót és a borsot.
c) Tegye a tőkehalfiléket egy tepsire, és nyomja le a levendula-fűszernövény keveréket minden filé tetejére.
d) Süssük 15-20 percig, vagy amíg a hal átlátszatlan és könnyen pelyhesedik.
e) Citromkarikákkal tálaljuk.

43.Levendulás és rozmaring grillezett sertésszelet

ÖSSZETEVŐK:
- 4 csontos sertésszelet
- 1 evőkanál szárított levendula bimbó
- 2 evőkanál friss rozmaring apróra vágva
- 3 evőkanál balzsamecet
- 2 evőkanál olívaolaj
- Só és bors ízlés szerint

UTASÍTÁS:
a) Melegítsük elő a grillt közepesen magas hőfokra.
b) Egy tálban keverjük össze a szárított levendula bimbókat, az apróra vágott rozmaringot, a balzsamecetet, az olívaolajat, a sót és a borsot.
c) Dörzsölje be a levendula-rozmaring keveréket minden sertésszeletre.
d) Grill a sertésszeleteket oldalanként 5-7 percig, vagy amíg teljesen meg nem sül.

44.Levendula quinoa saláta zöldségekkel

ÖSSZETEVŐK:
- 1 csésze quinoa, főtt
- 1 evőkanál szárított levendula virág
- 1 cukkini, szeletelve
- 1 piros kaliforniai paprika, szeletelve
- 1 sárga kaliforniai paprika, szeletelve
- 1/4 csésze feta sajt, morzsolva
- 3 evőkanál olívaolaj
- 1 citrom leve
- Só és bors ízlés szerint

UTASÍTÁS:
a) A cukkinit és a kaliforniai paprikát puhára grillezzük.
b) Egy nagy tálban keverje össze a főtt quinoát, a szárított levendula virágokat, a grillezett zöldségeket és a morzsolt feta sajtot.
c) Egy külön tálban keverjük össze az olívaolajat, a citromlevet, a sót és a borsot.
d) Az öntetet a quinoa salátára öntjük, és óvatosan összeforgatjuk.

DESSZERT

45.Bavarois levendula

ÖSSZETEVŐK:

- 500 ml sűrű tejszín
- 3 evőkanál szárított levendula virág
- 4 tojássárgája
- 100 gramm kristálycukor
- 3 lap zselatin
- Díszítésnek levendula virág

UTASÍTÁS:

a) A sűrű krémet szárított levendulavirággal töltjük. A tejszínt egy serpenyőben addig melegítjük, amíg forró, de nem forr. Levesszük a tűzről, hozzáadjuk a szárított levendulát, lefedjük, és 30 percig állni hagyjuk.

b) Szűrjük le a levendulával átitatott krémet, hogy eltávolítsuk a virágokat.

c) Egy külön tálban a tojássárgáját és a cukrot habosra és krémesre verjük.

d) A zselatinlapokat hideg vízben puhára áztatjuk, majd a felesleges vizet kicsavarjuk, és kevés forró vízben felengedjük.

e) Adjuk hozzá a feloldott zselatint a tojássárgás keverékhez, jól keverjük össze.

f) A levendulával bevont krémet óvatosan a tojásos keverékhez keverjük.

g) A keveréket öntsük tálalópoharakba vagy formákba, és tegyük hűtőbe, amíg meg nem áll.

h) Tálalás előtt díszítsük levendula virággal.

46. Csokoládé Levendula Dacquoise

ÖSSZETEVŐK:

A DACQUOISE RÉTEGEKHEZ:
- 4 nagy tojásfehérje
- 1 csésze kristálycukor
- 1 csésze őrölt mandula
- 2 evőkanál cukrozatlan kakaópor
- 1 teáskanál szárított levendula virág

A CSOKIS GANACHE TÖLTETÉSÉHEZ:
- 6 uncia (170 g) félédes csokoládé, apróra vágva
- ½ csésze nehéz tejszín
- 1 teáskanál szárított levendula virág

UTASÍTÁS:

A DACQUOISE RÉTEGEKHEZ:

a) Melegítsd elő a sütőt 150°C-ra, és bélelj ki két tepsit sütőpapírral.

b) Egy keverőtálban verjük kemény habbá a tojásfehérjét. Fokozatosan adjuk hozzá a kristálycukrot, és verjük tovább, amíg a habcsók fényes nem lesz.

c) Óvatosan hajtsa bele az őrölt mandulát, az cukrozatlan kakaóport és a szárított levendulavirágokat, amíg jól össze nem áll.

d) A habcsók keveréket az előkészített tepsire csípjük ki vagy kenjük szét, hogy négy egyforma kört kapjunk.

e) Körülbelül 30 percig sütjük, vagy amíg a dacquoise rétegek ropogósak és meg nem puhulnak. A tetejükön lehet enyhe reccsenés. Hagyja teljesen kihűlni.

A CSOKIS GANACHE TÖLTETÉSÉHEZ:

f) Egy mikrohullámú sütőben használható edényben hevítsük fel a tejszínt, amíg forró, de nem forr, vagy melegítsük a főzőlapon egy serpenyőben.

g) A finomra vágott csokoládét külön hőálló tálba tesszük.

h) Öntsük a forró tejszínt a csokoládéra, és hagyjuk állni egy percig, hogy a csokoládé felolvadjon.

i) A keveréket addig keverjük, amíg sima és fényes nem lesz. Ha szükséges, rövid sorozatokban mikrohullámú sütőbe is helyezheti, vagy dupla bojler fölé helyezheti, hogy a csokoládé teljesen felolvadjon.

j) Keverje hozzá a szárított levendula virágokat, és hagyja kissé kihűlni a ganache-t.

ÖSSZEÁLLÍTSA A CSOKOLÁDÉS LEVENDULATAKVÁZOT:

k) Helyezzen egy dacquoise réteget egy tálra vagy tortatartóra.

l) Az első rétegre kenjünk bőséges mennyiségű levendula csokis ganache-t.

m) Óvatosan helyezze rá a második dacquoise réteget, és ismételje meg a folyamatot, amíg az összes réteg fel nem halmozódik, és a tetejére egy ganache-t teszünk.

n) Díszíthetjük a tetejét további szárított levendulavirágokkal vagy kakaóporral, ha szükséges.

o) Az összeállított dacquoise-t legalább egy órára hűtőbe tesszük, hogy az ízek összeérjenek és a ganache megdermedjen.

p) Szeletelje fel és tálalja a csokoládé levendula Dacquoise-t finom és elegáns desszertként.

47.Szeder levendula macaron

ÖSSZETEVŐK:

SZEDERES LEVENDULA LEKÁR:
- 454 gramm szeder frissen vagy fagyasztva
- 133 gramm kristálycukor
- 2 teáskanál citromlé
- ½ teáskanál szárított levendula virág vagy ¼ teáskanál levendula kivonat

MACARON:
- 100 gramm szobahőmérsékletű tojásfehérje
- 60 gramm kristálycukor
- ¼ teáskanál tartárkrém
- 110 gramm mandulaliszt, szitálva
- 200 gramm porcukor, szitálva
- ¼ teáskanál levendula kivonat paszta (opcionális)

vajkrémes töltelék:
- 113 gramm sótlan vaj, szobahőmérsékletű
- 180 gramm porcukor
- 2 teáskanál szederlekvár
- ¼ teáskanál kóser só

UTASÍTÁS:

SZEDERES LEVENDULA LEKÁR:

a) Egy nagy serpenyőben, közepesen alacsony lángon keverje össze a szederet, a kristálycukrot, a citromlevet és a szárított levendula virágokat (vagy levendula kivonatot).

b) Hagyja a lekvárt körülbelül 20 percig főni, gyakran keverje, amíg besűrűsödik.

c) Tegye a lekvárt egy üvegedénybe, és hagyja szobahőmérsékletűre hűlni. Legfeljebb két hétig tároljuk a hűtőszekrényben.

d) Macaronok:

e) Szitáljuk össze a mandulalisztet és a porcukrot egy nagy tálba, és tegyük félre.

f) A habverővel felszerelt állványos mixerben közepes sebességgel verje habosra a tojásfehérjét. Adjuk hozzá a tartárkrémet.

g) Fokozatosan adjuk hozzá a kristálycukrot, közben folytassuk a habverést közepesen erősen, amíg lágy csúcsok képződnek.

h) Adjunk hozzá 2-3 csepp levendula kivonat pasztát (ha használunk), és keverjük erősen, amíg kemény csúcsok képződnek.
i) Óvatosan keverje hozzá a száraz hozzávalók felét, amíg teljesen össze nem áll, majd keverje hozzá a többi száraz hozzávalót. Addig keverjük, amíg a tészta "folyó láva" állagot nem kap.
j) Egy nagy tepsit kibélelünk szilikon szőnyeggel vagy sütőpapírral. Tegye át a tésztát egy nagyméretű, kerek hegyű zsákba. Az előkészített tepsire 1 hüvelykes köröket csípünk.
k) Koppintson néhányszor a tepsit a pultra, hogy légbuborékok kerüljenek a felületre, és fogpiszkálóval szúrja ki a látható buborékokat a sima felület érdekében.
l) Hagyja a macaronokat szobahőmérsékleten 30-40 percig állni, amíg bőr nem képződik a felületén.
m) Melegítsük elő a sütőt 300°F-ra (150°C). Süssük a macaronokat a középső rácson 13-15 percig, vagy addig, amíg meg nem mozdulnak a "lábaikon", ha megérintik.
n) Hagyja teljesen kihűlni a macaronokat a sütőlapon, mielőtt kivenné őket.

SZEDERES VAJKRÉM TÖLTETÉS:
o) Egy nagy tálban habverővel ellátott kézi vagy állványos mixerrel keverjük simára a vajat és a porcukrot.
p) Adjunk hozzá körülbelül 2 teáskanálnyi kihűlt szederlekvárt, és verjük nagy sebességgel 3-4 percig, amíg a vajkrém könnyű és puha nem lesz.

ÖSSZESZERELÉS:
q) Ha a macaronok teljesen kihűltek és a szederlekvár kihűlt, töltés előtt párosítsa össze a héjakat.
r) A vajkrémet körbevezetjük az egyik macaronhéj szélén, és a közepébe teszünk egy kis kanál szederlekvárt (kb. ½ teáskanál).
s) Tedd rá a másik macaron héjat, hogy szendvicset készíts.
t) Az összeállított macaronokat légmentesen záródó edénybe tesszük, és 12-24 órára a hűtőben érleljük.
u) A macaronokat legfeljebb 5 napig tároljuk hűtőszekrényben, de a legjobb íz és állag érdekében fogyasztás előtt hagyjuk szobahőmérsékletűre melegedni körülbelül egy órát.

48. Levendula pot de Crème

ÖSSZETEVŐK:

- 1 csésze nehéz tejszín
- ½ csésze teljes tej
- ¼ csésze szárított kulináris levendula bimbó
- 4 nagy tojássárgája
- ¼ csésze kristálycukor
- 1 teáskanál vanília kivonat
- Friss levendula ágak díszítéshez (opcionális)

UTASÍTÁS:

a) Egy serpenyőben közepes lángon melegítsd fel a tejszínt, a teljes tejet és a szárított levendularügyet, amíg el nem kezd forrni. Vegyük le a tűzről, fedjük le, és hagyjuk állni körülbelül 20 percig.

b) Egy külön tálban keverjük jól össze a tojássárgáját és a cukrot.

c) Szűrje le a levendulával átitatott krémkeveréket egy finom szitán át egy tiszta serpenyőbe, hogy eltávolítsa a levendula bimbóit.

d) A tejszínes keveréket melegítsük újra, amíg forró, de nem forr.

e) Lassan öntsük a forró tejszínes keveréket a tojássárgás keverékhez, miközben folyamatosan keverjük.

f) Belekeverjük a vaníliakivonatot.

g) Osszuk el a keveréket négy ramekinre vagy kis üvegekre.

h) Süssük vízfürdőben 325 °F-on (160 °C-on) körülbelül 30-35 percig, vagy amíg a szélek meg nem szilárdulnak, de a közepe enyhén ropogós lesz.

i) A sütőből kivéve hagyjuk szobahőmérsékletűre hűlni, majd tálalás előtt legalább 2 órára hűtőbe tesszük.

j) Tálalás előtt ízlés szerint díszítsük friss levendula ágakkal.

49.Levendula Creme Brûlée

ÖSSZETEVŐK:

- 1 csésze nehéz tejszín
- 1 csésze teljes tej
- 4 tojássárgája
- ½ csésze kristálycukor
- 2 evőkanál szárított kulináris levendula
- Granulált cukor, karamellizáláshoz

UTASÍTÁS:

a) Melegítsd elő a sütőt 160°C-ra (325°F).

b) Egy serpenyőben közepes lángon melegítsük fel a tejszínt, a tejet és a szárított levendulát, amíg el nem kezd forrni. Vegyük le a tűzről, és hagyjuk állni a levendulát körülbelül 10 percig.

c) Szűrjük át a krémes keveréket egy finom szitán, hogy eltávolítsuk a levendulát.

d) Egy külön tálban keverjük jól össze a tojássárgáját és a cukrot.

e) Lassan öntsük a levendulával meglocsolt tejszínes keveréket a tojássárgás keverékhez, folyamatos keverés mellett.

f) Osszuk el a keveréket ramekinek vagy sütőben használható ételek között.

g) Helyezze a ramekineket egy tepsibe, és töltse fel forró vízzel, amíg a ramekinek oldalának feléig ér.

h) Körülbelül 35-40 percig sütjük, vagy amíg a puding megszilárdul, de még mindig enyhén ropogós a közepén.

i) Vegye ki a ramekineket a vízfürdőből, és hagyja szobahőmérsékletre hűlni. Ezután legalább 2 órára vagy egy éjszakára hűtőbe tesszük.

j) Közvetlenül tálalás előtt szórjunk egy vékony réteg kristálycukrot minden puding tetejére. Konyhai zseblámpával karamellizálja a cukrot, amíg ropogós kéreg nem lesz belőle.

k) Hagyja pár percig megkeményedni a cukrot, majd tálalja és élvezze.

50.Earl Grey fagylalt levendulával

ÖSSZETEVŐK:

- 2 csésze nehéz tejszín
- 3 Earl Grey teászsák
- 1 teáskanál szárított levendula bimbó
- 14 uncia doboz édesített sűrített tej
- 4 teáskanál likőr
- 1 teáskanál vanília kivonat
- ½ teáskanál só
- Lila ételfesték

UTASÍTÁS:

a) Egy kis serpenyőben öntsön sűrű tejszínt és Earl Grey teát, hogy pároljuk. Vegyük le a tűzről, és hagyjuk, hogy az Earl Grey belemenjen a sűrű tejszínbe, amíg szobahőmérsékletű nem lesz. Hűtőbe tesszük legalább pár órára, lehetőleg egy éjszakára.

b) Opcionális levendula örvény: Ossza el a meleg Earl Grey krémet két külön tartályba. Adjon hozzá 1 teáskanál szárított levendula bimbót és az egyik Earl Grey teászacskót, a másikba pedig 2 Earl Grey teászacskót. Hűtsük le egy éjszakán át.

c) Ha kihűlt, vegye ki az Earl Grey teafiltereket, és keverje kemény habbá a tejszínt a többi hozzávalóval, körülbelül 4 perc alatt.

d) Opcionális levendula örvény: Vegye ki a teafiltereket az Earl Grey fagylaltból, és adjon hozzá az édesített sűrített tej felét, 2 teáskanál likőrt, a vanília kivonatot és ¼ teáskanál sót. Kemény csúcsig verjük. A levendula fagylalthoz a lila ételfestéken kívül a többi hozzávalót is hozzáadjuk. Kemény csúcsig verjük.

e) Adja hozzá a fagylaltot egy tortaformába vagy egy kenyérformába. Fedje le szorosan műanyag fóliával, és fagyassza le, amíg megszilárdul, legalább 6 órán keresztül.

f) Opcionális levendula örvény: Amikor a fagylaltot a serpenyőbe adjuk, minden színű véletlenszerű gombócokban tegyük, majd óvatosan forgassuk meg egy kanállal. 3 réteg gombócot csináltam, mindegyik réteget megforgattam. Fedje le szorosan műanyag fóliával, és fagyassza le, amíg megszilárdul, legalább 6 órán keresztül.

51.Levendulás fehér csokoládé hab

ÖSSZETEVŐK:

- 8 uncia fehér csokoládé, apróra vágva
- 1 csésze nehéz tejszín
- 2 teáskanál szárított kulináris levendula
- 3 tojássárgája
- 2 evőkanál kristálycukor
- ½ teáskanál vanília kivonat
- Lila ételfesték (opcionális)
- Friss levendula ágak díszítéshez (opcionális)

UTASÍTÁS:

a) Egy hőálló tálban olvasszuk fel a fehér csokoládét egy fazék víz felett, keverjük simára. Vegyük le a tűzről, és hagyjuk kissé kihűlni.

b) Egy kis serpenyőben melegítsd fel a tejszínt és a szárított levendulát közepes lángon, amíg el nem kezd forrni. Vegyük le a tűzről, és hagyjuk állni 15 percig.

c) A levendulával átitatott krémet finom szitán át szűrjük át egy tiszta tálba, nyomkodjuk le a levendulát, hogy kivonjuk az ízét.

d) Egy külön tálban keverjük jól össze a tojássárgáját, a cukrot és a vaníliakivonatot.

e) A meleg levendulával meglocsolt tejszínt fokozatosan a tojássárgás keverékhez keverjük.

f) A keveréket visszaöntjük a serpenyőbe, és lassú tűzön, folyamatos kevergetés mellett addig főzzük, amíg besűrűsödik és bevonja a kanál hátát. Ne hagyjuk felforrni.

g) Levesszük a tűzről, és simára keverjük az olvasztott fehér csokoládét. Ha szükséges, adjon hozzá néhány csepp lila ételfestéket az élénkebb levendula szín érdekében.

h) Hagyja a keveréket szobahőmérsékletre hűlni.

i) Egy külön tálban verjük fel a kemény tejszínt, amíg lágy csúcsok nem lesznek.

j) A tejszínhabot óvatosan a kihűlt levendula keverékhez keverjük, amíg jól össze nem áll.

k) Öntsük a habot tálalópoharakba vagy tálakba, és tegyük hűtőbe legalább 2 órára, vagy amíg megdermed.

l) Tálalás előtt ízlés szerint díszítsük friss levendula ágakkal.

52.Pisztácia levendula Semifreddo

ÖSSZETEVŐK:
- 1 csésze héjas pisztácia
- ½ csésze kristálycukor
- 1 evőkanál szárított kulináris levendula
- 2 csésze nehéz tejszín
- 1 teáskanál vanília kivonat
- 4 nagy tojássárgája
- ¼ csésze méz
- Csipet só

UTASÍTÁS:

a) Tegye a pisztáciát, a kristálycukrot és a szárított levendulát egy konyhai robotgépbe. Pörgessük addig, amíg a pisztácia finomra nem őröl.

b) Egy serpenyőben a tejszínt közepes lángon addig hevítjük, amíg el nem kezd forrni. Vegyük le a tűzről, és keverjük hozzá az őrölt pisztácia keveréket. Hagyja ázni körülbelül 30 percig.

c) Áztatás után szűrjük át a keveréket egy finom szitán, és nyomjuk le a szilárd anyagokat, hogy a lehető legtöbb ízt kinyerjük. Dobja ki a szilárd anyagokat, és tegye félre a leszűrt krémet.

d) Egy nagy keverőtálban keverje össze a tojássárgáját, a mézet és a sót, amíg jól össze nem keveredik.

e) A leszűrt tejszínes keveréket fokozatosan a tojássárgás keverékhez öntjük, folyamatos keverés mellett.

f) Tegye vissza a keveréket a serpenyőbe, és lassú tűzön, folyamatos keverés mellett főzze addig, amíg besűrűsödik és bevonja a kanál hátát. Ez körülbelül 5-7 percet vesz igénybe. Ne hagyjuk felforrni.

g) Vegye le a serpenyőt a tűzről, és hagyja teljesen kihűlni a keveréket.

h) Ha kihűlt, keverjük hozzá a vaníliakivonatot.

i) Öntse a semifreddo keveréket egy tetszőleges tepsibe vagy edénybe. Lapáttal simítsuk el a tetejét.

j) Fedje le a serpenyőt vagy edényt műanyag fóliával, ügyelve arra, hogy hozzáérjen a semifreddo felületéhez, nehogy jégkristályok képződjenek. Tedd a fagyasztóba legalább 6 órára, vagy egy éjszakára, amíg megszilárdul.

k) Tálaláskor vegyük ki a semifreddot a fagyasztóból, és hagyjuk szobahőmérsékleten állni néhány percig, hogy kissé megpuhuljon. Szeleteljük apróra és tálaljuk.

l) Élvezze Semifreddo-jában a pisztácia és a levendula ízek elragadó kombinációját!

53.Earl Grey levendula fagylalt szendvicsek

ÖSSZETEVŐK:

- 1 ½ csésze univerzális liszt
- ½ teáskanál szódabikarbóna
- ¼ teáskanál só
- ½ csésze sózatlan vaj, lágyított
- ½ csésze kristálycukor
- ½ csésze csomagolt barna cukor
- 1 nagy tojás
- 1 teáskanál vanília kivonat
- 2 evőkanál Earl Grey tealevél
- 1 evőkanál szárított levendula virág
- 1 pintes Earl Grey vagy vanília fagylalt

UTASÍTÁS:

a) Melegítsd elő a sütőt 190°C-ra, és bélelj ki egy tepsit sütőpapírral.

b) Egy tálban keverjük össze a lisztet, a szódabikarbónát és a sót.

c) Egy külön tálban habosra keverjük a puha vajat, a kristálycukrot és a barna cukrot. Adjuk hozzá a tojást és a vaníliakivonatot, és keverjük jól össze.

d) Az Earl Grey tealeveleket és a szárított levendula virágokat fűszerdaráló vagy mozsártörő segítségével finom porrá őröljük. Adjuk hozzá a teát és a levendulaport a vajas keverékhez, és keverjük egyenletesen eloszlásig.

e) Fokozatosan adjuk hozzá a száraz hozzávalókat a vajas keverékhez, és keverjük össze.

f) Csepegtess gömbölyű evőkanál tésztát az előkészített tepsire, körülbelül 2 hüvelyk távolságra egymástól. A tenyerével enyhén lapítson le minden tésztagolyót.

g) 10-12 percig sütjük, vagy amíg a szélei aranybarnák nem lesznek. Hagyja teljesen kihűlni a sütiket.

h) Vegyünk egy gombóc Earl Grey- vagy vaníliafagylaltot, és szendvicsbe tesszük két keksz közé.

i) Tálalás előtt tedd a fagylaltos szendvicseket a fagyasztóba legalább 1 órára, hogy megszilárduljanak.

54.Levendula szorbet

ÖSSZETEVŐK:

- 2 csésze víz
- 1 csésze cukor
- 2 evőkanál szárított levendula virág
- 1 evőkanál citromlé

UTASÍTÁS

a) Egy serpenyőben keverjük össze a vizet és a cukrot. Közepes lángon addig melegítjük, amíg a cukor teljesen fel nem oldódik.

b) Levesszük a tűzről, és hozzáadjuk a szárított levendula virágokat. Hagyja állni 10-15 percig.

c) Szűrjük le a keveréket, hogy eltávolítsuk a levendula virágait.

d) Keverje hozzá a citromlevet.

e) Öntsük a keveréket egy fagylaltkészítőbe, és forgassuk össze a gyártó utasításai szerint.

f) Miután felvert, tegye át a sorbetet egy fedeles edénybe, és fagyassza le néhány órára, hogy megszilárduljon.

g) Tálalja a levendula sorbetet hűtött tálakba vagy poharakba, hogy illatos és megnyugtató desszertté váljon.

55. Levendula méz Gelato Affogato

ÖSSZETEVŐK:
LEVENDULMÁS MÉZES GELATO:
- 2 csésze teljes tej
- 1 csésze nehéz tejszín
- ½ csésze méz
- 2 evőkanál szárított levendula virág
- 5 tojássárgája
- ¼ teáskanál só

AFFOGATO
- 1 kanál levendulaméz gelato
- 1 adag (kb. 1-2 uncia) frissen főzött eszpresszó
- Választható: friss levendula ágak a díszítéshez

UTASÍTÁS
LEVENDULMÁS MÉZES GELATO:

a) Egy serpenyőben keverje össze a tejet, a tejszínt, a mézet és a szárított levendula virágait. Helyezze a serpenyőt közepes lángra, és időnként megkeverve melegítse a keveréket, amíg el nem kezd gőzölni. Ne hagyjuk felforrni.

b) Miután párolódott, vegye le a serpenyőt a tűzről, és hagyja, hogy a levendula körülbelül 20 percig beépüljön a keverékbe.

c) Egy külön tálban keverjük össze a tojássárgáját és a sót, amíg jól össze nem keveredik.

d) Lassan öntsük a levendulával meglocsolt tejes keveréket a tojássárgájához, közben folyamatosan keverjük, hogy temperálják a tojásokat.

e) Visszaöntjük a keveréket a serpenyőbe, és közepes lángon, folyamatos kevergetés mellett addig főzzük, amíg besűrűsödik és bevonja a kanál hátát. Ez körülbelül 5-7 percet vesz igénybe.

f) Vegye le a serpenyőt a tűzről, és szűrje át a keveréket egy finom szitán, hogy eltávolítsa a levendula virágait és a főtt tojás darabjait. Dobja el a szilárd anyagokat.

g) Hagyja a keveréket szobahőmérsékletre hűlni, majd fedje le és tegyük hűtőszekrénybe legalább 4 órára vagy egy éjszakára, hogy lehűljön és kialakuljanak az ízek.

h) Ha kihűlt, öntsük a keveréket egy fagylaltkészítőbe, és forgassuk össze a gyártó utasításai szerint, amíg a gelato el nem éri a lágy tálalás állagát.

i) Tegye a gelato-t egy fedeles edénybe, és fagyassza le legalább 4 órára, vagy amíg meg nem szilárdul.

AFFOGATO

j) Tegyünk egy gombóc levendulaméz gelato-t egy tálalópohárba vagy tálba.

k) Készítsen egy adag eszpresszót eszpresszógéppel vagy a korábban említett alternatív főzési módok valamelyikével.

l) Öntse a forró eszpresszót a kanál levendulaméz gelato-ra.

m) Ízlés szerint egy szál friss levendulával díszítjük.

n) Azonnal tálalja a levendulaméz Gelato Affogatót, és élvezze a krémes gelato kombinációját a levendula és a méz aromás ízeivel, amelyet az eszpresszó gazdagsága fokoz.

56.Citrom és levendula

ÖSSZETEVŐK:

- 1 csésze cukor
- 1 ½ csésze kemény tejszín
- ½ csésze teljes tej
- 6 nagy tojás
- ¼ teáskanál só
- ¼ csésze friss citromlé
- 1 evőkanál citromhéj
- 2 teáskanál szárított levendula virág
- Tejszínhab és további levendula virágok a tálaláshoz

UTASÍTÁS

a) Melegítse elő a sütőt 325 °F-ra.
b) Egy közepes serpenyőben melegítsd fel a cukrot közepes lángon, folyamatos kevergetés mellett, amíg elolvad és aranybarna nem lesz.
c) Öntse az olvasztott cukrot egy 9 hüvelykes lapos formába, és forgassa meg, hogy bevonja a forma alját és oldalát.
d) Egy kis serpenyőben melegítsd fel közepes lángon a tejszínt, a teljes tejet, a citromlevet, a citromhéjat és a levendulavirágokat, folyamatosan kevergetve, amíg el nem forr.
e) Egy külön tálban keverjük össze a tojást és a sót.
f) A forró tejszínes keveréket lassan öntsük a tojásos keverékhez, folyamatos keverés mellett.
g) Szűrjük át a keveréket egy finom szitán, és öntsük a lapos formába.
h) Helyezze a formát egy nagy tepsibe, és töltse fel annyi forró vízzel, hogy a forma oldalának feléig érjen.
i) Süssük 50-60 percig, vagy amíg a lap megszilárdul, és megrázva kissé megremeg.
j) Vegyük ki a sütőből, és hagyjuk szobahőmérsékletűre hűlni, mielőtt legalább 2 órára vagy egy éjszakára hűtőbe tesszük.
k) A tálaláshoz húzz körbe egy kést a forma szélein, és fordítsd egy tálra. Tejszínhabbal és levendulavirággal megszórva tálaljuk.

57.Levendula mézes popsi

ÖSSZETEVŐK:

- 2 csésze víz
- ¼ csésze méz
- 1 evőkanál szárított levendula bimbó
- 1 evőkanál citromlé

UTASÍTÁS:

a) Egy kis serpenyőben közepes lángon melegítsük fel a vizet és a mézet, amíg a méz fel nem oldódik.
b) Adja hozzá a szárított levendula rügyeket a serpenyőbe, és párolja 5 percig.
c) Vegyük le a tűzről, és szűrjük le a levendula bimbóit.
d) Keverje hozzá a citromlevet.
e) Öntsd a keveréket pálcikaformákba, a tetején hagyj egy kis teret a bővüléshez.
f) Helyezze be a popsirudakat, és fagyassza le legalább 4 órára, vagy amíg teljesen meg nem fagy.
g) A formákból való kiszedéshez meleg víz alatt futtassuk őket néhány másodpercig, amíg könnyen ki nem szabadulnak.

58.Levendula Panna Cotta citromsziruppal

ÖSSZETEVŐK:
A LEVENDULA PANNA COTTAHOZ:
- ¼ csésze víz
- 1 boríték zselatin
- 1¾ csésze kemény tejszín
- 1 csésze teljes tej
- ⅓ csésze cukor
- 1½ evőkanál szárított levendula bimbó

A CIROMSZIRUPHOZ:
- ½ csésze frissen facsart citromlé
- 1 csésze cukor

UTASÍTÁS
A LEVENDULA PANNA COTTAHOZ:
a) Enyhén vonjon be négy, 6 unciás pudingos edényt tapadásmentes olajjal és tartalékkal.
b) Egy kis edénybe öntsük fel a vizet, szórjuk meg zselatinnal, és hagyjuk állni 5-10 percig, hogy virágozzon.
c) Adjuk hozzá a tejszínt, a tejet és a cukrot egy kis lábasba. Közepes lángon majdnem forrásig melegítjük, kevergetve, hogy a cukor feloldódjon. Vegye le a tűzről; belekeverjük a levendularügyet és lefedjük. Hagyja állni és áztassa 10 percig.
d) Helyezze a zselatint tartalmazó edényt a mikrohullámú sütőbe, és tíz másodpercig keverje, amíg vékony szirup nem lesz. Adjuk hozzá a zselatint a krémhez, jól keverjük össze.
e) Öntse a keveréket egy finom szűrőn keresztül egy másik tálba, és dobja ki a levendula bimbóit. Hagyja a keveréket langyosra hűlni.
f) Keverje össze a keveréket, és öntse négy 6 uncia pudingos edénybe vagy formába. Tegyük be a hűtőbe, és hűtsük 2-4 órára vagy egy éjszakán át, amíg szilárdan megszilárdul.

A CIROMSZIRUPHOZ:
g) Egy kis serpenyőben közepes lángra állítjuk, és összekeverjük a citromlevet és a cukrot. Forraljuk fel, mérsékeljük a lángot, és főzzük 10 percig, hogy kissé csökkentse.
h) Vegyük le a tűzről, és hagyjuk kihűlni, mielőtt egy fedeles üvegbe töltjük, majd hűtsük felhasználásig. A szirup besűrűsödik, ha kihűl.

i) A panna cotta citromsziruppal tálalása:
j) A beállított pannacotta felszabadításához futtasson egy kést a zselésített pannacotta belső szélén.
k) Egyszerre egy edénnyel dolgozva helyezze az edényt 10 másodpercre meleg vízbe.
l) Emeljük ki a vízből, és nedves ujjakkal óvatosan húzzuk le a zselatint a forma széléről. Fedjük le egy nedves tálalóval. Fordítsa meg a tányért, és óvatosan emelje le az edényt.
m) Helyezzen egy megnedvesített tálalótányért a forma tetejére. Óvatosan távolítsa el a formát, és csorgassa a citromszirupot a tetejére.
n) Törjünk fel néhány friss levendulavirágot, és szórjuk rá a szirupra. Díszítsen minden adagot levendula virágokkal.

59.Sütés nélküli áfonyás levendulás sajttorta

ÖSSZETEVŐK:

KÉREG
- 110 gramm gluténmentes graham keksz finomra törve (kb. 1 csésze)
- ½ teáskanál szárított étkezési levendula bimbó durvára őrölve
- 4 evőkanál vaj olvasztott

ÁFOBOGYA FELTÉT
- 1½ csésze áfonya
- ¼ csésze víz
- 3 evőkanál bio nádcukor
- ½ teáskanál citromhéj
- ¼ teáskanál vanília kivonat
- csipet só
- ¾ teáskanál szárított ehető levendula bimbó

SAJTTORTA TÖLTETÉS
- ¾ csésze kemény tejszín hűtve
- 8 uncia krémsajt, szobahőmérsékleten
- 4 uncia kecskesajt, szobahőmérsékleten
- ½ csésze bio nádcukor
- 2 teáskanál citromhéj
- 1 teáskanál vanília kivonat
- ½ teáskanál szárított étkezési levendula bimbó durvára őrölve

UTASÍTÁS

a) Tegye a Graham kekszet egy konyhai robotgépbe. Addig dolgozzuk, amíg finom, homokos állagot nem kapnak. Tedd át egy közepes tálba. Adjunk hozzá levendulát, sót és vajat. Villával jól összedolgozzuk, hogy az összes morzsába belekeverjük a vajat. Tegyen egy kerek pergamendarabot a rugós formája aljába. Egy kanállal és kézzel nyomkodjuk a morzsát az aljába, és kicsit kevesebb, mint félig az oldalára. Ügyeljen arra, hogy erősen nyomja meg. Tedd a fagyasztóba.

b) Tegyünk 1 csésze áfonyát és a vizet egy robotgépbe, és addig turmixoljuk, amíg apró darabokra nem vágjuk. Öntse a keveréket egy kis serpenyőbe. Adjuk hozzá a cukrot, a citromhéjat, a vaníliát és a sót. Közepes lángon, folyamatos keverés mellett forraljuk fel.

c) Adjuk hozzá az áfonya maradék felét. Helyezze a levendulát egy újrafelhasználható teászacskóba vagy vászonzacskóba, zárja le, és adja hozzá a szószhoz. Csökkentse a hőt, és keverje tovább, amíg a levendula megdermed. Amikor a szósz besűrűsödött, körülbelül 10 percig vegyük le a tűzről.

d) Folytassa a levendula áztatását további 15-20 percig. Ezután vegye ki a teászacskót vagy tasakot. Hagyja teljesen kihűlni a szószt.

e) Egy nagy tálban keverje fel a kemény tejszínt elektromos habverővel, amíg lágy csúcsok nem lesznek. Egy másik nagy tálban keverje fel a mixerrel a krémsajtot, a kecskesajtot, a cukrot, a citromhéjat és a levendulát. Ha a keverék teljesen összeállt, egy spatulával óvatosan keverje hozzá a tejszínhabot.

f) Vegyük ki a héjat a fagyasztóból, és öntsük bele a tölteléket. Egy nagy kanállal simítsuk el. Hűtőbe tesszük legalább négy órára, legjobb egy éjszakán át. Ha készen áll a tálalásra, vegyük ki a hűtőből és engedjük ki a rugós formából.

g) A tetejére kanalazunk bőséges mennyiségű áfonyaszószt, és azonnal vágjuk fel. A sajttorta 4 napig eláll a hűtőben.

60.Áfonya levendula áfonyás ropogós

ÖSSZETEVŐK:

- 3 csésze áfonya
- 1 csésze áfonya
- ½ teáskanál friss levendula virág
- ¾ csésze cukor
- 1-½ csésze zúzott zabpehely graham keksz
- ½ csésze barna cukor
- ½ csésze olvasztott vaj
- ½ csésze szeletelt mandula

UTASÍTÁS:

a) Melegítse elő a sütőt 350 F fokra.
b) Keverje össze az áfonyát, az áfonyát, a levendula virágait és a cukrot.
c) Jól keverjük össze, és öntsük egy 8 x 8 hüvelykes tepsibe.
d) Keverjük össze a tört kekszet, a barna cukrot, az olvasztott vajat és a szeletelt mandulát.
e) A töltelék tetejére morzsoljuk.
f) 20-25 percig sütjük, amíg a töltelék megpirul.
g) Tálalás előtt legalább 15 percig hűtsük.

61.Levendula gránita

ÖSSZETEVŐK:

- 2 evőkanál. friss levendula fejek
- 1/2 csésze szuperfinom cukor
- 1 csésze forrásban lévő víz
- 1 csésze hűtött víz
- 2 tk. citromlé
- 2 tk. narancslé

UTASÍTÁS:

a) A levendulafejeket és a cukrot egy tálba tesszük, és felöntjük a forrásban lévő vízzel. Jól keverjük össze, majd fedjük le és hagyjuk teljesen kihűlni.

b) Leszűrjük, majd hozzáadjuk a lehűtött vizet és a gyümölcslevet. Fagyasztóedénybe öntjük és majdnem szilárdra fagyasztjuk, fagyasztás közben egyszer villával törjük szét. Közvetlenül tálalás előtt törjük újra egy villával szép, egyenletes kristályokra.

c) Ennek a finom jégnek az íze hamarosan eltűnik, ezért fogyaszd el minél előbb.

62.Levendula Ganache szarvasgomba

ÖSSZETEVŐK:

- 1 csésze kemény habtejszín
- 2 evőkanál sótlan vaj
- 2 evőkanál méz
- ⅓ csésze szárított levendula virágbimbó
- 2 (3 uncia) kiváló minőségű, 72 százalékos kakaótartalmú csokoládé, apróra vágva
- 2 uncia feldolgozatlan nyers kakaópor vagy kiváló minőségű, természetes, cukrozatlan kakaópor, plusz még több a szarvasgomba forgatásához

UTASÍTÁS:

a) Tegye a tejszínt, a vajat és a mézet egy dupla kazánba. Közepes lángon addig melegítjük, amíg felszáll a gőz, és a széle körül kis buborékok képződnek, de a keverék nem egészen forr. Keverjük hozzá a levendulát, fedjük le, és kapcsoljuk le a tűzről. Hagyja a levendulát a krémben 15 percig hatni.

b) Helyezze a csokoládét és a kakaóport egy nagy keverőtálba. Amikor a levendula krém felforrt, szűrjük át egy finom szitán közvetlenül a csokis tálba. 2 percig állni hagyjuk, hogy a csokoládé felolvadjon.

c) 2 perc elteltével keverje össze a keveréket, amíg sima és fényes nem lesz. A botmixer itt jól működik, de nem szükséges.

d) Fedjük le a tálat. Tedd a tálat és 2 teáskanálnyit a hűtőbe 2-5 órára hűlni. Nem fagyasztható.

e) Tegye egy sekély serpenyőbe a sodráshoz szükséges kakaóport. Egy tepsit kibélelünk sütőpapírral.

f) Tekerésre készen állsz? A meleg kezek kihívást jelentenek a szarvasgomba-forgatásban, ezért feltétlenül húzza meg a kezét nagyon hideg víz alatt (majd szárítsa meg), vagy tartson egy zselés jégcsomagot vagy egy zacskó fagyasztott zöldséget. A hideg, száraz kezek lehetővé teszik a szarvasgomba sikeres forgatását.

g) Vegyünk fel egy teáskanál csokoládét, és gyorsan dolgozzunk belőle golyót a kezeink között. Mártsuk a golyót a kakaóporba, és helyezzük az előkészített tepsire. Ismétlés. Lehet, hogy többször le kell hűteni a kezét.

h) A kész szarvasgombát lezárt edényben hűtsük le. Néhány hétig ki kell bírniuk (szakértői fegyelem mellett!).

63.Levendula botanikus fagylalt

ÖSSZETEVŐK:

- 2 csésze nehéz tejszín
- 1 csésze teljes tej
- 3/4 csésze kristálycukor
- 2 evőkanál szárított levendula bimbó (kulináris minőségű)
- 5 nagy tojássárgája
- 1 teáskanál vanília kivonat

UTASÍTÁS:
A TEJ ÉS A TEJ FELFÚZÁSA:

a) Egy serpenyőben keverje össze a kemény tejszínt, a teljes tejet és a szárított levendularügyeket.
b) A keveréket közepes lángon addig melegítjük, amíg el nem kezd forrni. Ne forraljuk.
c) Ha felforrt, vegye le a serpenyőt a tűzről, és hagyja, hogy a levendula a keverékben ázzon körülbelül 20-30 percig.
d) Áztatás után szűrjük át a keveréket egy finom szitán vagy sajtruhán, hogy eltávolítsuk a levendula bimbóit. Nyomja le a levendulát, hogy a lehető legtöbb ízt kivonja.

KÉSZÍTSÜK EL A FAGYALAPT:

e) Egy külön tálban keverjük össze a tojássárgáját és a cukrot, amíg jól össze nem áll és kissé besűrűsödik.
f) Lassan öntsük a levendulával meglocsolt tejszínt a tojásos keverékhez, közben folyamatosan keverjük, nehogy a tojás aludjon.
g) Tegye vissza az összekevert keveréket a serpenyőbe.
h) A pudingot közepes lángon, folyamatos kevergetés mellett addig főzzük, amíg annyira besűrűsödik, hogy egy kanál hátát bevonja. Ez általában 5-7 percet vesz igénybe. Ne hagyjuk felforrni.
i) Szűrjük át a pudingot egy finom szitán egy tiszta tálba, hogy eltávolítsuk a főtt tojás vagy levendula maradványait.
j) Hagyja a pudingot szobahőmérsékletűre hűlni. Felgyorsíthatja a folyamatot, ha a tálat jeges fürdőbe helyezi.
k) Ha kihűlt a puding, keverjük hozzá a vaníliakivonatot.
l) Fedjük le a tálat műanyag fóliával, és tegyük hűtőbe legalább 4 órára vagy egy éjszakára, hogy az ízek összeérjenek.

A JÁGGYALOT FORGATJA:
m) A lehűtött keveréket öntsük fagylaltkészítőbe, és forgassuk össze a gyártó utasításai szerint.
n) Tegye az összetört fagylaltot egy fedeles edénybe, és fagyassza le néhány órára, vagy amíg meg nem szilárdul.
o) A botanikus fagylaltot tálakba vagy kúpokba kanalazzuk, és ízleljük meg az egyedi ízeket!

64. Bogyós levendulás pite

ÖSSZETEVŐK:

- 3 csésze vegyes bogyós gyümölcsök (eper, áfonya, málna, szeder)
- 1 csésze kristálycukor
- 1/4 csésze kukoricakeményítő
- 1 evőkanál friss citromlé
- 1 teáskanál szárított kulináris levendula
- 1 csomag hűtött pite tészta (vagy házi készítésű)

UTASÍTÁS:

a) Melegítsd elő a sütőt 190°C-ra (375°F).

b) Egy nagy tálban keverje össze a kevert bogyókat, a kristálycukrot, a kukoricakeményítőt, a citromlevet és a szárított levendulát. Addig keverjük, amíg a bogyók be nem vonódnak.

c) Az egyik pitehéjat kinyújtjuk, és egy piteformába tesszük. Öntsük a bogyókeveréket a kéregbe.

d) Nyújtsa ki a második pitehéjat, és helyezze a bogyókra. Vágja le a felesleges kérget, és préselje össze a széleit, hogy lezárja a lepényt.

e) Éles késsel készítsen néhány kis szellőzőnyílást a felső kéregben, hogy a gőz távozhasson.

f) 40-45 percig sütjük, vagy amíg a tészta aranybarna nem lesz, a töltelék pedig buborékos lesz. Tálalás előtt hagyjuk kihűlni a pitét.

65.Levendulás áfonyás kézi pite

ÖSSZETEVŐK:

- 2 csésze friss áfonya
- 1/2 csésze kristálycukor
- 1 evőkanál kukoricakeményítő
- 1 evőkanál friss citromlé
- 1 teáskanál szárított kulináris levendula
- 2 csomag hűtött pite tészta (vagy házi készítésű)

UTASÍTÁS:

a) Melegítsd elő a sütőt 190°C-ra (375°F).
b) Egy tálban keverjük össze az áfonyát, a cukrot, a kukoricakeményítőt, a citromlevet és a szárított levendulát. Addig keverjük, amíg az áfonya be nem vonódik.
c) Nyújtsuk ki a pitehéjakat, és vágjuk körbe.
d) Az áfonyás keveréket a körök felére kanalazzuk, hagyva egy kis szegélyt.
e) Helyezzük rá a maradék köröket, és nyomkodjuk le a széleket, hogy lezárjuk. A széleket villával préselheti.
f) Süssük 20-25 percig, vagy amíg a kézi piték aranybarnák nem lesznek.
g) Tálalás előtt hagyjuk kihűlni őket.

66.Levendula buggyantott őszibarack

ÖSSZETEVŐK:

- 4 érett őszibarack, meghámozva, kimagozva és felszeletelve
- 1 csésze víz
- 1 csésze kristálycukor
- 2 evőkanál szárított kulináris levendula

UTASÍTÁS:

a) Egy serpenyőben keverjük össze a vizet, a cukrot és a szárított levendulát.
b) Forraljuk fel a keveréket közepes lángon, keverjük addig, amíg a cukor fel nem oldódik.
c) Adjuk hozzá a felszeletelt barackot a forrásban lévő folyadékhoz.
d) Az őszibarackot 8-10 percig buggyantjuk, amíg megpuhul.
e) Vegyük ki az őszibarackot a pudingfolyadékból, és hagyjuk kihűlni.
f) A buggyantott őszibarackot friss levendula rügyekkel megszórva (opcionális) tálaljuk.

FŰSZEREK

67. Levendula máz

ÖSSZETEVŐK:

- 1 csésze porcukor
- 2 evőkanál tej
- ½ teáskanál szárított levendula bimbó (kulináris minőségű)
- Lila ételfesték (opcionális)

UTASÍTÁS:

a) Egy kis serpenyőben a tejet és a szárított levendularügyet alacsony lángon melegre melegítjük.

b) Vegyük le a tűzről, és hagyjuk állni körülbelül 10 percig.

c) Szűrjük le a tejet, hogy eltávolítsuk a levendula bimbóit.

d) Egy keverőtálban habosra keverjük a porcukrot és a felfuttatott tejet.

e) Állítsa be az állagot porcukor vagy tej hozzáadásával, ha szükséges.

f) A desszertre kenjük a levendula mázat, és tálalás előtt hagyjuk megdermedni.

68. Levendula mézes mustár

ÖSSZETEVŐK:
- ¼ csésze dijoni mustár
- 2 evőkanál méz
- 1 teáskanál szárított levendula virág
- 1 evőkanál fehérborecet
- Só és bors ízlés szerint

UTASÍTÁS:

a) Egy kis tálban keverje össze a dijoni mustárt, a mézet, a szárított levendula virágokat és a fehérborecetet.

b) Jól keverjük össze, amíg az összes összetevő alaposan össze nem keveredik.

c) Ízlés szerint sózzuk, borsozzuk.

d) Tálaljuk csirkehús mártogatósnak, salátaöntetnek, grillezett zöldségekhez máznak.

69. Levendula infúziós olívaolaj

ÖSSZETEVŐK:
- 1 csésze extra szűz olívaolaj
- 2 evőkanál szárított levendula bimbó

UTASÍTÁS:

a) Egy kis serpenyőben hevítsük fel az olívaolajat alacsony lángon, amíg el nem éri a 82 °C-ot.

b) Vegyük le a serpenyőt a tűzről, és adjuk hozzá a szárított levendula rügyeket.

c) Hagyja az olajat szobahőmérsékletre hűlni, és hagyja hatni legalább 24 órán át.

d) Szűrjük le az olajat, hogy eltávolítsuk a levendula bimbóit.

e) Tegye át a levendulával átitatott olívaolajat egy tiszta, légmentesen záródó üvegbe.

f) Használja ezt az olajat salátaöntetekhez, sült zöldségekre csepegtesse, vagy kenyérmártóolajként.

70. Levendula cukor

ÖSSZETEVŐK:

- 16 uncia kristálycukor
- Szárított levendula virágok

UTASÍTÁS:

a) Kezdje egy tiszta, 16 unciás üveg elkészítésével.
b) Az üvegbe rétegezzük a kristálycukrot és a szárított levendulavirágokat.
c) Biztonságosan zárja le az edényt.
d) Helyezze az üveget hűvös, száraz helyre két hétre, hogy az ízek összeérjenek.
e) Két hét múlva óvatosan távolítsa el a szárított levendulavirágokat a cukorról.
f) Élvezze a házi készítésű levendulacukrot, mint a sütési és főzési törekvéseinek kellemes kiegészítőjeként!

71.Eper levendula lekvár

ÖSSZETEVŐK:

- 1 kiló eper
- 1 font cukor
- 24 levendula szár (osztva)
- 2 citrom, leve

UTASÍTÁS:

a) Kezdje az eper megmosásával, szárításával és hámozásával.

b) Egy nagy tálba rétegezzük az epret a cukorral és a 12 levendula szárral. Ezt a keveréket egy éjszakára hűvös helyre tesszük, hogy az ízek összeérjenek.

c) Másnap távolítsa el és dobja ki az éjszakai infúzióhoz használt levendula szárát. Helyezze a bogyókeveréket egy nagy, nem alumínium fazékba.

d) Kösd össze a maradék 12 levendula szárat, és add hozzá a bogyókhoz a citromlével együtt.

e) Közepes lángon főzzük a keveréket, amíg fel nem forr, majd folytassuk a főzést 20-25 percig, időnként megkeverve. Ügyeljen arra, hogy a tetején képződő habot lefölözze.

f) Miután a lekvár besűrűsödött és elérte a kívánt állagot, távolítsa el és dobja ki a levendula szárát.

g) Óvatosan öntse az eper levendula lekvárt sterilizált üvegekbe, és zárja le.

72.Levendula pác

ÖSSZETEVŐK:

- 1 csésze narancslé
- 3 evőkanál olívaolaj
- 2 gerezd fokhagyma, préselve
- 1 teáskanál dijoni mustár
- ½ teáskanál mindegyik: szárított levendula, bazsalikom, édesköménymag, sós
- Kóser só és frissen őrölt bors ízlés szerint

UTASÍTÁS:

a) Egy kis tálban keverjük össze a levendulás pác összes hozzávalóját.

b) Hagyja, hogy az ízek összeérjenek úgy, hogy a pácot legalább 2 órán át állni hagyja, mielőtt a hús pácolásához használná fel.

c) A baromfi pácolásához a húst legfeljebb 2 órára hűtsük le a pácban.

d) A hal pácolásához hűtsük le a halat a pácban legfeljebb 30 percig.

e) Megjegyzés: Ez a pác salátaöntetként is használható. Ehhez helyettesítsen ½ csésze citromlével a narancslevet, és növelje az olívaolaj mennyiségét ½ csészére. Egyszerűen csepegtesse rá kedvenc saláta-összetevőire, és máris élvezheti!

f) Ez a sokoldalú levendula pác egyedi és aromás csavart ad a grillezett baromfihúshoz, halhoz, vagy akár ízletes salátaöntetként is.

73.Levendula sólé baromfihoz

ÖSSZETEVŐK:
- 1 csésze narancslé
- 3 evőkanál olívaolaj
- 2 gerezd fokhagyma; sajtolt
- 1 teáskanál dijoni mustár
- ½ teáskanál Mindegyik: szárított levendula; bazsalikom, édesköménymag, sós
- Kóser só; frissen őrölt bors ízlés szerint

UTASÍTÁS:
a) Keverje össze az összes összetevőt egy kis edényben.
b) Hagyja, hogy az ízek összeérjenek legalább 2 órát, mielőtt a húsra öntik.
c) A baromfit legfeljebb 2 óráig pácoljuk a hűtőszekrényben; horgászni legfeljebb 30 percig.

74. Vérnarancs levendula lekvár

ÖSSZETEVŐK:

- 6 vérnarancs
- 4 csésze cukor
- 4 csésze víz
- 2 evőkanál szárított levendula bimbó

UTASÍTÁS:

a) A narancsot vékonyan felszeleteljük.
b) Egy edényben keverjük össze a vérnarancs szeleteket, a cukrot, a vizet és a szárított levendula bimbókat.
c) Addig pároljuk, amíg a héja megpuhul.
d) Gyorsan forraljuk, amíg el nem érjük a beállítási pontot.
e) Sterilizált üvegekbe töltjük, lezárjuk és kihűtjük.

75. Házi készítésű levendula olaj

ÖSSZETEVŐK:

- 1/4 csésze szárított levendula virág
- 1 csésze semleges olaj (pl. szőlőmag-, repce- vagy pórsáfrányolaj)

UTASÍTÁS:

a) Helyezze a szárított levendula virágokat tiszta, száraz üvegedénybe légmentesen lezárva.

b) Melegítse fel a semleges olajat egy serpenyőben vagy mikrohullámú sütőben, amíg meleg, de nem forr. Melegítheti a tűzhelyen alacsony lángon, vagy kis időközönként mikrohullámú sütőben.

c) Öntse a meleg olajat az üvegben lévő szárított levendula virágokra. Ügyeljen arra, hogy a virágok teljesen el legyenek merülve az olajban.

d) Szorosan zárja le az üveget a fedéllel.

e) Hagyja az edényt hűvös, sötét helyen 1-2 hétig állni. Ez lehetővé teszi, hogy a levendula illata behatoljon az olajba.

f) Néhány naponként finoman rázza fel az edényt, hogy egyenletesen oszlassa el a levendula aromáját.

g) Az infúziós periódus után az olajat finom szitán vagy sajtruhán át szűrjük át egy tiszta, száraz edénybe. Ez eltávolítja a levendula virágait, és levendulával átitatott olaj marad.

h) Tárolja a levendulaolajat hűvös, sötét helyen, hogy megőrizze frissességét. Több héttől néhány hónapig kell tartania.

i) A házi levendulaolaj különféle célokra hasznos, beleértve az aromaterápiát, masszázst, vagy fürdő- és testápoló termékek összetevőjeként. Kíméletesen használhatja főzéshez és sütéshez is, hogy finom virágos jegyeket adjon az ételekhez és desszertekhez.

76.Levendula vaníliás vajkrémes cukormáz

ÖSSZETEVŐK:

- 225 gramm sótlan vaj körülbelül 1 csésze
- 450 gramm porcukor szitán (kb. 4 csésze)
- 1/2 teáskanál vanília kivonat
- 2 csepp levendula illóolaj
- Violet Wilton Gel ételfesték [8]
- Díszítő táska [9]
- #125 cukormáz tipp [5]
- Wilton levendulacukor permetek [6]

UTASÍTÁS:

a) Állványkeverőben használja a lapát-tartozékot, hogy közepesen sápadt és bolyhos színű vajat keverjen. Ez körülbelül 2 percig tart.

b) Kapcsolja ki a keverőt, és kaparja le az oldalát. Hozzáadjuk a porcukor körülbelül felét. Kapcsolja alacsony fokozatra a keverőt. Keverjük össze a hozzávalókat be vannak építve, majd kapcsolja ki a keverőt. Ismét kaparja le az oldalát.

c) Adjuk hozzá a maradék porcukrot. Még egyszer kapcsolja alacsony fokozatra a keverőt. Addig keverjük, amíg az összetevők össze nem épülnek, majd közepes hőmérsékleten 2 percig keverjük. Kapcsolja ki, és ismét kaparja le az oldalát.

d) Kapcsolja magasra a keverőt, és keverje 3 percig. A cukormáz mennyisége megnő.

e) Kapcsolja ki a keverőt, és kaparja le az oldalát. Adjunk hozzá vanília kivonatot és 1 csepp levendula illóolajat. Alacsony fokozaton keverjük össze, és kóstoljuk meg a cukormázt. Ha a levendula íze túl enyhe az Ön ízlésének, adjon hozzá még 1 csepp levendula illóolajat, és keverje össze újra.

f) Most adjunk hozzá egy kis mennyiségű ételfestéket. Alacsony fokozaton addig keverjük, amíg a szín egyenletes lesz. A sötétebb, mélyebb árnyalat érdekében érdemes több gélszínt hozzáadni. Ez eltarthat néhány keverési és kaparási munkamenetig, amíg az összes szín egyenletes lesz.

g) Helyezze a cukormáz hegyét a dekorátor zacskóba. Helyezze a cukormázt a zacskóba, és fagyosítsa meg a cupcakes-ét.

77.Levendula méz Wasabi

ÖSSZETEVŐK:
- ¼ csésze Wasabi paszta
- 2 evőkanál méz
- 1 teáskanál szárított levendula virág
- 1 evőkanál fehérborecet
- Só és bors ízlés szerint

UTASÍTÁS:
e) Egy kis tálban keverje össze a Wasabi pasztát, a mézet, a szárított levendula virágokat és a fehérborecetet.
f) Jól keverjük össze, amíg az összes összetevő alaposan össze nem keveredik.
g) Ízlés szerint sózzuk, borsozzuk.
h) Tálaljuk csirkehús mártogatósnak, salátaöntetnek, grillezett zöldségekhez máznak.

78.Levendula vanília Meyer citromlekvár

ÖSSZETEVŐK:

- 8 Meyer citrom
- 3 1/2 csésze cukor
- 1 evőkanál szárított levendula
- 1 vaníliarúd mag kikaparva

UTASÍTÁS:

a) A citrom elkészítéséhez vágja a citromot hosszában szeletekre. Éles késsel vágja le mindegyik ék széléről a fehér magot, de ne dobja ki. Távolítsa el és dobja ki az összes magot.
b) A citromot szeletekre vágjuk. A darabok mérete megegyezik a lekvárban lévő héjak méretével, tehát ha dúsabb lekvárt szeretne, szeletelje fel nagyobb darabokra, és fordítva.
c) Tegye a citromokat egy nagy fazékba a tűzhelyre, így bőséges helyet biztosít magának.
d) Vegyük a fenntartott magot, és kössük bele egy sajtkendőbe, vagy adjuk hozzá egy laza leveles teafilterhez. Adja hozzá ezt az edényhez.
e) A citromokat felöntjük vízzel, és felforraljuk. Forraljuk 20 percig, és kóstoljunk meg egy darab héjat, hogy megnézzük, eléggé megpuhult-e ahhoz, hogy elfogyassza. Ezen a ponton keserű lehet, mert nincs benne cukor. Ha a héja nem olyan puha, mint szeretné, folytassa a főzést – a cukor hozzáadása után már nem puhul.
f) Vegye ki a magból készült zacskót, és nyomja ki a folyadékot az edénybe. Dobja el a zacskót.
g) Adjuk hozzá a cukrot az edényhez. Forraljuk le és pároljuk.
h) A lekvár készségét kétféleképpen tesztelheti. Az édességhőmérő a legegyszerűbb és legbolondabb módszer – ha eléri a 220-222 F fokot, kész. Ha nincs cukorka hőmérőnk, tegyen egy kis edényt a fagyasztóba. A lekvár teszteléséhez kanalazzon egy keveset az edényre. Ha gyűrődik, kész. A folyamatnak 20-30 percig kell tartania.
i) Ha elkészült a lekvárunk, kapcsoljuk le a tüzet, és keverjük hozzá a levendulát és a vaníliát. Hagyjuk hűlni 15 percig.
j) 6 db befőttes üveget sterilizálunk, és megtöltjük a kihűlt lekvárral. Szorosan lezárjuk.

79.Citromos levendula lekvár

ÖSSZETEVŐK:
- 4 citrom, héja és leve
- 1 evőkanál szárított levendula bimbó
- 1/4 csésze cukor
- 1/4 csésze víz

UTASÍTÁS:
a) Egy edényben keverjük össze a citromhéjat, a citromlevet, a szárított levendularügyet, a cukrot és a vizet. Pároljuk, amíg a keverék besűrűsödik.
b) Gyorsan forraljuk, amíg el nem érjük a kívánt állagot.
c) Sterilizált üvegekbe töltjük, lezárjuk, és hagyjuk kihűlni.

ITALOK

80.Rum, Ube és Levendula Lassi

ÖSSZETEVŐK:
- ½ csésze főtt és pépesített ube (lila jam)
- 1 csésze natúr joghurt
- ¼ csésze rum
- 2 evőkanál méz (ízlés szerint)
- ½ teáskanál szárított levendula bimbó
- Jégkockák

UTASÍTÁS:
a) Kezdje az ube főzésével és pépesítésével:
b) Meghámozzuk és felkockázzuk a tubust.
c) Forraljuk vagy pároljuk a ube-t, amíg puha és könnyen pépesíthető.
d) A megfőtt ube-t villával vagy burgonyanyomóval simára törjük. Hagyjuk szobahőmérsékletűre hűlni.
e) Turmixgépben keverje össze a pépesített ube-t, a natúr joghurtot, a rumot és a mézet.
f) Adja hozzá a szárított levendula rügyeket a turmixgéphez. A levendula bimbóit mozsártörővel kicsit összetörheti, mielőtt hozzáadaná őket, ami elősegíti, hogy több ízt szabadítson fel.
g) Tegyen egy marék jégkockát a turmixgépbe, hogy szép és hideg legyen a lassi.
h) Mindent simára és jól összekeverünk.
i) Kóstolja meg a lassit, és állítsa be az édességet, ha szükséges, még több méz hozzáadásával.
j) Ha elégedett az ízével és állagával, öntse poharakba a lassit.
k) Díszítse a rumot, az ube-t és a levendula lassit egy szárított levendula bimbóval vagy egy szál friss levendulával, ha van kéznél.
l) Tálald azonnal, és élvezd egyedi és frissítő lassiját!

81.Áfonya levendula infúziós víz

ÖSSZETEVŐK:
- ½ csésze áfonya
- 4 csésze víz
- Levendula ehető virágok

UTASÍTÁS:
a) A hozzávalókat egy kancsóba tesszük.
b) Hűtsük le fél órát.
c) Szűrjük le, és tálalás előtt öntsük jégkockákra.

82.Uborkás levendula víz

ÖSSZETEVŐK:
- 1 uborka meghámozva és apróra vágva
- 2 friss levendula gally
- 2 liter forrásvíz

UTASÍTÁS:
a) Tedd a hozzávalókat a befőttesüvegedbe.
b) Most tálalás előtt tedd a hűtőbe, amíg kihűl.

83.Grapefruit-levendula víz

ÖSSZETEVŐK:

- 1 grépfrút, meghámozva és apróra vágva
- 2 friss levendulaág, finoman összetörve
- 5 friss mentalevél, finoman összetörve

UTASÍTÁS:

a) Helyezze a hozzávalókat egy üvegedénybe.
b) Töltse fel vízzel.
c) Tedd a hűtődbe legalább 3 órára.
d) Hűtve vagy jégkockával tálaljuk.

84.Narancs és levendula

ÖSSZETEVŐK:
- 1 narancs, meghámozva
- 2 friss levendulaág, finoman összetörve

UTASÍTÁS:
a) Tegye az összes hozzávalót egy üvegedénybe. Töltse fel vízzel.
b) Fakanállal keverjük össze, és tálalás előtt hűtsük le.

85.Édes levendula tejes kefir

ÖSSZETEVŐK:

- 4 csésze tejes kefir
- 2 evőkanál szárított levendula virágfej
- Bio nádcukor vagy stevia

UTASÍTÁS:

a) Készítsen hagyományos tejkefirt, hagyja a kefirt szobahőmérsékleten 24 órán át erjedni.

b) Szűrjük ki a kefirszemeket, és öntsük friss tejbe.

c) A levendula virágfejeket a tejes kefirbe keverjük. Ne adjuk hozzá a virágfejeket, amíg a kefirszemek még a kefirben vannak.

d) Tegye a fedőt a kefirre, és hagyja szobahőmérsékleten állni egy éjszakán át. A második fermentációnak 12-24 óráig kell tartania.

e) Szűrje le a kefirt, hogy megszabaduljon a virágfejektől.

f) Adjunk hozzá nádcukrot vagy steviát. Az édesítőt a kefirbe keverjük.

86.Áfonya citrom levendula kefir

ÖSSZETEVŐK:
- 4 csésze az első fermentációból
- 10 friss vagy fagyasztott áfonya, lehetőleg bio
- ¼ csésze citromlé
- ¼ teáskanál kulináris levendula

UTASÍTÁS:
a) Készítsük el az első erjesztést, és hagyjuk az üveget meleg helyen 24-48 órán át.
b) Tegye a citromlevet és a kulináris levendulát egy tiszta, elforgatható tetejű üvegbe.
c) Adja hozzá egyenként az áfonyát az üvegbe, és enyhén nyomja össze a bogyókat, hogy kifolyjon a lé.
d) Szűrjük le a szemeket, és adjuk hozzá az első erjesztést az üvegbe citromlével, levendulával és áfonyával.
e) Zárja le a forgatható tetejű palackot, és hagyja meleg helyen 24 órán át a második fermentációhoz.
f) Hűtőbe tesszük, amíg jól ki nem hűl.
g) Lassan nyissa ki, szűrje le, és élvezze!

87.Levendula tej tea

ÖSSZETEVŐK:

- 3 Earl Grey teászsák
- ½ csésze tápióka gyöngy
- 2 evőkanál barna cukor
- 1 evőkanál szárított levendula virág
- ½ csésze mandulatej
- 1 csésze jég

UTASÍTÁS

a) Forraljunk fel 2 csésze vizet, és vegyük le a tűzről.

b) Tegye a laza levendulavirágokat egy teaforralóba, és tegye a forró vízbe a teatasakokkal együtt, áztassa 5 percig.

c) Távolítsa el a teatasakokat és a teadagolót, és hagyja szobahőmérsékletűre melegedni.

d) Amíg a tea hűl, forraljunk fel egy kis fazék vizet, adjuk hozzá a tápiókagyöngyöt, mérsékeljük a hőt, és főzzük 5-6 percig.

e) Szűrjük le a gyöngyöket, tegyük egy kis tálba, és keverjük el a barna cukorral. Tegyük félre és hűtsük ki teljesen.

f) A beáztatott tápiókagyöngyöt és a szirupot egyenletesen elosztjuk két pohár között.

g) Osszuk el a jeget a poharak között, és öntsük fel az áztatott teával, és fejezzük be mandulatejjel.

h) Keverjük össze és azonnal tálaljuk.

88.Rózsa és levendula bor

ÖSSZETEVŐK:
- 1 üveg Pinot Grigio
- 5 rózsaszirom
- 2 szár levendula

UTASÍTÁS:
a) Adja hozzá a fűszernövényeket közvetlenül a felnyitott borosüvegbe.
b) Szorosan lezárjuk.
c) 3 napig áztassa hűvös vagy hűtött helyen.
d) Szűrjük le a rózsaszirmokat és a levendulát.
e) Pohárban tálaljuk.
f) Díszítsük rózsaszirmokkal és levendulával.

89.Menta és levendula tea

ÖSSZETEVŐK:

- ½ csésze mentalevél
- 2 evőkanál agave nektár
- 2 evőkanál szárított levendula

UTASÍTÁS:

a) Keverje össze az összes összetevőt.
b) Felöntjük 4 csésze forrásban lévő vízzel.
c) Hűtve tálaljuk.

90.Áfonya és levendula jeges tea

ÖSSZETEVŐK:
- 1 evőkanál citromlé
- ½ csésze áfonya
- 2 evőkanál szárított levendula
- 6 csésze forrásban lévő víz
- 6 zacskó tea

UTASÍTÁS:
a) Egy kancsóba tegyen forrásban lévő vizet és teazacskókat.
b) Hagyja pár percig áztatni.
c) Szabadulj meg a teazacskóktól.
d) Beletesszük a többi hozzávalóba.

91.Mandarin és levendula jeges tea

ÖSSZETEVŐK:

- 1 ½ teáskanál szárított levendula
- 1 mandarin, meghámozva és feldarabolva
- 8 csésze víz
- 8 zacskó tea
- édesem

UTASÍTÁS:

a) Forraljuk fel a vizet.
b) Tedd teászacskóba, és áztasd 5 percig; a teát egy kancsóba szűrjük.
c) Helyezze el a többi hozzávalót.
d) Lehűtjük és tört jégen tálaljuk.

92.Levendula és édesköménymag tea

ÖSSZETEVŐK:

- 1 csésze víz
- ½ t evőkanál levendula bimbó
- néhány szárított rózsaszirom
- 10-12 mentalevél
- ½ t evőkanál édesköménymag

UTASÍTÁS:

a) Melegítsük fel a vizet egy vízforralóban vagy egy serpenyőben, amíg el nem kezd forrni.

b) Adja hozzá a levendularügyeket, a rózsaszirmokat, az édesköménymagot és a mentaleveleket a kávéprésbe.

c) Adjuk hozzá a forró vizet.

d) Hagyja a keveréket 4 percig hatni.

e) Nyomja le a dugattyút.

f) A teát egy csészében tálaljuk.

93.Levendula-rozmaring liqueur

ÖSSZETEVŐK:

- 750 milliliteres üveg vodka
- 1 szál friss rozmaring, leöblítve
- 2 szál friss levendula, leöblítve

UTASÍTÁS:
a) Helyezze a gyógynövényeket egy Mason-edénybe.
b) Öntse a vodkát az üvegbe.
c) Rázza fel néhányszor, és áztassa három-öt napig.
d) Szűrjük le a fűszernövényeket.

94.Vanília, earl grey és levendula latte

ÖSSZETEVŐK:
- ½ csésze forró víz (nem forr)
- 1 adag eszpresszó vagy ½ csésze erős kávé
- ½ csésze tej
- 1 db Earl Grey teászacskó
- ½ teáskanál szárított kulináris levendula bimbó (ízlés szerint módosítani)
- ½ teáskanál tiszta vanília kivonat
- Ön által választott méz vagy édesítő (opcionális)

UTASÍTÁS:
AZ EARL GREY TEA INFÚZIÓHOZ:
a) Kezdje azzal, hogy az Earl Grey teászacskót vagy a szálkás teát egy csészébe vagy bögrébe helyezze.
b) Melegíts fel ½ csésze vizet egészen a forráspont alá, körülbelül 180°F vagy 82°C-ra, majd öntsd rá a teatasakra vagy a levelekre.
c) Hagyja a teát ázni 3-5 percig, és állítsa be az időtartamot a kívánt teaerősséghez. Ezután vegye ki a teászacskót, vagy szűrje le a laza levelű teát.

A LATTE-HOZ:
d) Főzzön egy adag eszpresszót, vagy készítsen egy erős csésze kávét kedvenc kávéfőzővel.
e) Amíg a kávé főzik, egy kis serpenyőben óvatosan melegítsen fél csésze tejet alacsony vagy közepes lángon, amíg forró, de nem forr. Ha van tejhabosítója, azzal a tejet habosíthatja, hogy még krémesebb legyen.
f) Adja hozzá a frissen főzött eszpresszót vagy kávét a csészébe, és keverje össze az elkészített Earl Grey teával.
g) Tegyen ½ teáskanál szárított kulináris levendularügyet a csészébe, és állítsa be a mennyiséget ízlése szerint. Nyugodtan adjon hozzá többet vagy kevesebbet, hogy elérje a kívánt levendula ízt.
h) Adjon hozzá ½ teáskanál tiszta vanília kivonatot a keverékhez, és alaposan keverje össze az összetevőket.
i) Ha jobban szereti az édesített tejeskávét, itt az ideje, hogy mézet vagy kedvenc édesítőszert adjon hozzá. Kezdje 1-2 teáskanállal, és állítsa be a kívánt édességi fok szerint.

j) Finoman öntse a forró, habos tejet a csészébe, egy kanál segítségével tartsa vissza a habot, hagyja, hogy a tej először kifolyjon.
k) Opcionálisan egy elegáns bemutató érdekében díszítse Vanília, Earl Grey és Lavender Latte-ját szárított levendula bimbókkal vagy levendulavirággal.
l) Zárásként szúrjon bele egy szívószálat vagy egy hosszú kanalat, finoman keverje meg a tejeskávéját, és élvezze a nyugtató és aromás ízek keverékét ebben az egyedülálló italban!

95.Mézes levendula kávé

ÖSSZETEVŐK:
- 1 csésze forró főzött kávé
- ½ uncia levendula szirup
- ½ uncia méz

UTASÍTÁS:
a) Keverje össze a kávét, a levendula szirupot és a mézet.

96.Levendula citromcsepp

ÖSSZETEVŐK:
- 2 uncia levendulával beöntött vodka
- 1 uncia Triple Sec
- ½ uncia friss citromlé
- Levendula szál díszítéshez

LEVENDULA-INFIZÁLT VODKA:
- ¼ csésze szárított kulináris levendula bimbó
- 1 csésze vodka

UTASÍTÁS:
LEVENDULA-INFIZÁLT VODKA

a) Egy tiszta üvegedényben keverje össze a szárított kulináris levendula bimbókat és a vodkát.

b) Zárja le az edényt, és hagyja hűvös, sötét helyen körülbelül 24-48 órán át infúzióhoz. Időnként kóstolja meg, hogy elérje a kívánt levendula ízt.

c) Miután ízlése szerint felöntötte a vodkát, szűrje le egy finom szűrőn vagy sajtruhán, hogy eltávolítsa a levendula bimbóit. Tegye vissza a levendulával átitatott vodkát egy tiszta üvegbe vagy üvegbe.

LEVENDULA CITROMOS CSEPPÉHEZ:

d) Tölts meg egy koktél shakert jéggel.

e) Adjon hozzá 2 uncia levendula-infúziós vodkát, 1 uncia Triple Sec-et és ½ uncia friss citromlevet a shakerbe.

f) Erősen rázza fel, amíg jól ki nem hűl.

g) Szűrjük a keveréket egy lehűtött martini pohárba.

h) Díszítse a Levendula citromcseppet egy szál friss levendulával.

i) Élvezze a Lavender Lemon Drop koktélt elragadó virágos és citrusos jegyeivel!

97.Levendula-mézes emésztőszer

ÖSSZETEVŐK:

- 2 csésze vodka
- ¼ csésze szárított levendula virág
- ¼ csésze méz
- 1 csésze víz

UTASÍTÁS:

a) Keverje össze a vodkát, a szárított levendula virágokat, a mézet és a vizet egy üvegedényben.
b) Zárja le és hagyja hűvös, sötét helyen 2-3 hétig hatni, időnként megrázva.
c) Szűrjük le és tároljuk tiszta üvegben.

98.Levendula ikőr

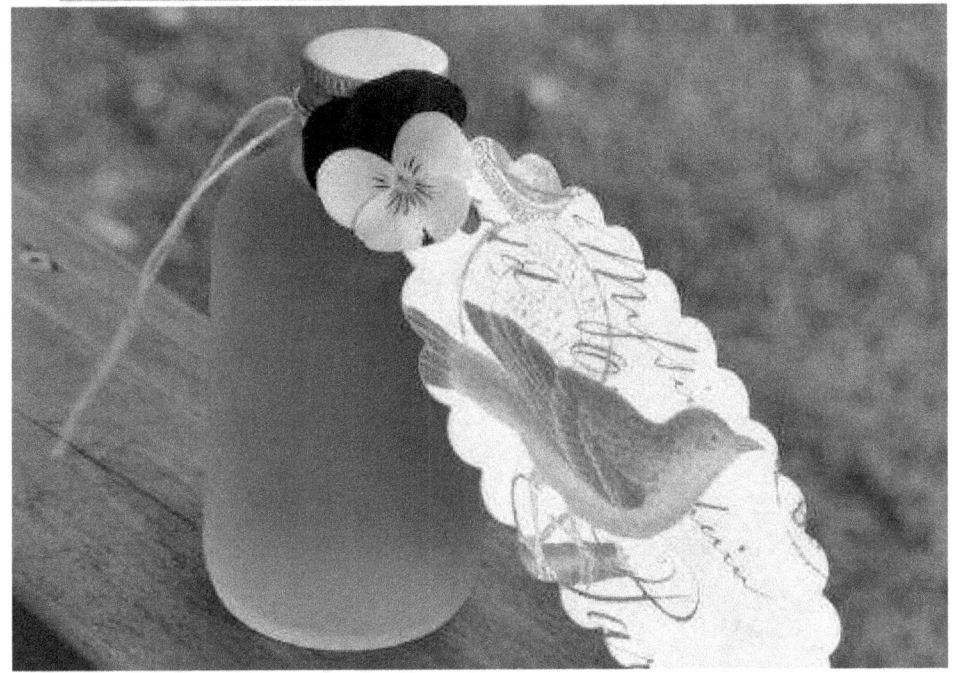

ÖSSZETEVŐK:
- 6 evőkanál Szárított levendulaszirom ___
- 1 Ötödik 80-as vodka
- 1 csésze cukorszirup

UTASÍTÁS:
a) Merítse bele a szirmokat a vodkát egy hétig.
b) Szűrjük át sajtrongyon.
c) Adjuk hozzá a cukorszirupot és élvezzük .

99.Levendula cappuccino

ÖSSZETEVŐK:
- 2 evőkanál instant kávé
- 2 evőkanál kristálycukor
- 2 evőkanál forró víz
- 1 csésze tej (bármilyen)
- ½ teáskanál kulináris levendula bimbó
- 1 teáskanál levendula szirup vagy kivonat
- Jégkockák

UTASÍTÁS:
a) Egy keverőtálban keverje össze az instant kávét, a kristálycukrot és a forró vizet.
b) Elektromos keverővel vagy habverővel addig verjük nagy sebességgel, amíg sűrű és habos nem lesz. Ez általában 2-3 percet vesz igénybe.
c) Egy kis serpenyőben a tejet alacsony lángon melegítsük melegre. Adja hozzá a kulináris levendula rügyeket a tejhez, és hagyja állni körülbelül 5 percig.
d) Szűrje le a tejet, hogy eltávolítsa a levendula bimbóit, és tegye vissza a felfújt tejet a serpenyőbe.
e) Adjuk hozzá a levendula szirupot vagy kivonatot a felöntött tejhez, és jól keverjük össze.
f) Tölts meg egy poharat jégkockákkal.
g) Öntse a levendulával átitatott tejet a jégkockákra, és töltse meg a pohár körülbelül háromnegyedét.
h) A tej tetejére kanalazzuk a felvert kávét, réteges hatást keltve.
i) Óvatosan keverje össze a rétegeket, mielőtt élvezné.
j) Igény szerint díszíthetjük a tetejét konyhai levendularügyekkel vagy levendulacukorral.
l) Tálalja a cappuccino levendulás jeges kávét lehűtve és élvezze!

100.Levendula Proffee

ÖSSZETEVŐK:
- 1 Café Latte Protein Shake
- 2 tk szárított kulináris levendula
- 1 tk méz

UTASÍTÁS:
a) Forraljon mézet, vizet és kulináris levendulát, hogy egyszerű szirupot készítsen.
b) Adjunk szirupot egy jéggel teli pohárba.
c) Öntse a Café Latte Protein Shake-et és élvezze!

KÖVETKEZTETÉS

Amint befejezzük a "AZ ALAPVETŐ LEVENDULA TÁRSAS 2024" című aromás utazásunkat, reméljük, hogy átélte a levendula szépségének és sokoldalúságának felfedezésének örömét. Az ezeken az oldalakon található receptek mindegyike a finom ízek, nyugtató tulajdonságok és vizuális vonzerő ünnepe, amelyet a levendula hoz alkotásaiba – ez a sokoldalú gyógynövény által kínált elragadó lehetőségek bizonyítéka.

Függetlenül attól, hogy ízlelgette a levendulával átitatott desszertek édességét, a levendula aromaterápia ellazulását, vagy kísérletezett sós, levendulával átitatott ételekkel, bízunk benne, hogy ezek a receptek fellobbantották szenvedélyét a levendula életének különböző területeibe való beépítése iránt. A levendulamezőkön és virágzatokon túl a levendula szépségének és sokoldalúságának felfedezésének koncepciója váljon az inspiráció, a kikapcsolódás forrásává és a minden elragadó alkotással járó öröm ünnepévé.

Miközben folytatja a levendula világának felfedezését, a "AZ ALAPVETŐ LEVENDULA TÁRSAS 2024" legyen az Ön megbízható útmutatója, amely számos elragadó receptet kínál, amelyek bemutatják ennek a szeretett gyógynövénynek a szépségét és sokoldalúságát. Íme, élvezze a levendula finom esszenciáját, ölelje át a megnyugtató pillanatokat, és élvezze a szépséget, amely minden levendulával átitatott gyönyörrel jár. Levendula üdv!

www.ingramcontent.com/pod-product-compliance
Lightning Source LLC
Chambersburg PA
CBHW071333110526
44591CB00010B/1126